南水北调中线一期工程文物保护项目
河北省考古发掘报告第八号

磁县双庙墓群考古发掘报告

南水北调中线干线工程建设管理局
河北省南水北调工程建设领导小组办公室　　编著
河北省文物局

文物出版社

图书在版编目（CIP）数据

磁县双庙墓群考古发掘报告／南水北调中线干线工
程建设管理局，河北省南水北调工程建设领导小组办公室，
河北省文物局编著． − − 北京：文物出版社，2017．12
　ISBN 978 − 7 − 5010 − 4909 − 7

　Ⅰ．①磁… Ⅱ．①南… ②河… ③河… Ⅲ．①墓群 −
考古 − 发掘报告 − 磁县 Ⅳ．①K878．85

　中国版本图书馆 CIP 数据核字（2017）第 194287 号

磁县双庙墓群考古发掘报告

编　　著：南水北调中心干线工程建设管理局
　　　　　河北省南水北调工程建设领导小组办公室
　　　　　河北省文物局

责任编辑：李　睿
封面设计：程星涛
责任印制：梁秋卉
出版发行：文物出版社
社　　址：北京市东直门内北小街 2 号楼
邮　　编：100007
网　　址：http：//www.wenwu.com
邮　　箱：web@ wenwu.com
经　　销：新华书店
印　　刷：北京京都六环印刷厂
开　　本：889mm × 1194mm　1/16
印　　张：12.75
版　　次：2017 年 12 月第 1 版
印　　次：2017 年 12 月第 1 次印刷
书　　号：ISBN 978 − 7 − 5010 − 4909 − 7
定　　价：210.00 元

发掘项目承担单位

河北省文物研究所

磁县文物保管所

报告编写单位

吉林大学边疆考古研究中心

磁县文物保管所

主编

冯恩学 张晓峥 赵学锋 李 江

目　录

第一章 绪论

一 墓地的位置与人文信息

磁县古称磁州，位于华北平原之腹，冀之南端。南与豫以漳河为界，西与晋以太行山为碑石，东经 36°15′～36°33′，北纬 113°54′～114°26′，是赵都邯郸、殷都安阳、邺都临漳三都文化交会胜地。地势西高东低，西为山地，中有丘陵，南系平原。自南向北有漳河、滏阳河、邙牛河三条大河和岳城水库与东武仕水库两大水库境内流过，孕育了灿烂的磁州文明。

南水北调磁县讲武城镇双庙取土场，是因修建南水北调中线工程主干渠两侧堤坝而形成的，位于磁县城南讲武城镇双庙村南和东小屋村东，占地面积 70 余万平方米。讲武城镇因讲武城而名。讲武城是一座有城墙残垣的古城，城内土地现在大部分为农田，仅东南隅有一村庄，名为讲武城。据考古调查，从龙山文化时期开始，就有人定居于此。在战国至汉代，且曾发展为城市，即武城。武城在唐代已经被废。宋代，武城即已传讹为讲武城。这大约是由于唐宋以来，城北的北朝诸冢被传称为"曹操七十二疑冢"，武城亦因此而讹为曹操所筑习武之城。在漳河北岸讲武城一带广阔的原野上，东起古邺城脚下平原，西至太行山东麓山前丘垄，其间散落着大大小小百余个墓冢，它们有的封土大如山包，高达 30 余米，远望浑厚圆实，巍峨壮观；有的封土小如土堡，高可 10 余米；也有的封土已在早年被削如平地，但墓址痕迹仍依稀可见，这就是全国重点文物保护单位磁县北朝墓群，是中国历史上东魏、北齐时期皇室贵胄的墓葬群。磁县北朝墓群共有 134 个墓冢，分布在全县 8 个乡镇 38 个自然村，截至目前，由于各种原因已发掘清理的北朝墓葬计有十余座，如东魏茹茹公主墓、尧赵氏墓、元祜墓、元良墓和北齐高润墓、高孝绪墓、尧峻墓、李尼墓及北朝湾漳壁画墓等，出土了数千件珍贵器物，主要有陶俑、瓷器、金银器、墓志铭和壁画等。历史上南北朝是一个战乱频繁、动荡不安和民族大融合的重要时期，在浩瀚的史书中记载很少，而我县北朝墓葬出土的陶俑造像不仅生动活泼、栩栩如生，而且所涉及的生活题材、所透视的浓郁生活气息和所独具的民族风情韵味都是无可比拟的。在出土的人物俑中既有汉族人种，也有鲜卑人种，还有西域人种，从这人种混杂的组合中，蹦跳出的是民族大融合的强音，是中华民族对和谐、统一、团结、发展的期盼。同时，北朝墓葬中出土的罗马金币则是当时古罗马帝国市面流通的货币，它跨越千山万水被带到中原，正是当时东西方经贸往来的历史见证。所有这些宝贵的历史文化遗产，则是当时历史史实的凝聚和沉淀，是后人了解和研究北朝时期政治、经济、文化、军事、宗教、艺术及东西方经贸往来的珍贵素材，具有重要的历史、艺术和科学研究价值。南水北调磁县讲武城镇双庙取土场内地上，有登记在册的国保单位磁县北朝墓群墓冢5座，有的还保存有高大的封土。在工程取土过程中，我们对这5座北朝墓冢的保护范围和建控地带边线都进行了标注，严禁取土活动侵入。

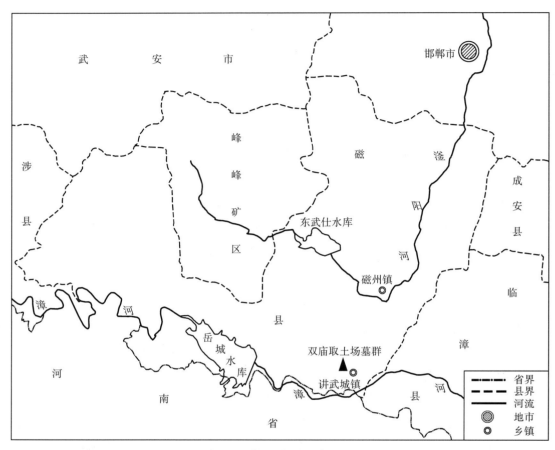

图一　磁县讲武城镇双庙墓群位置

二　自然地理环境

1. 人口城市

磁县隶属于邯郸市，总面积994平方公里，辖18个乡镇，367个行政村，总人口63万人。磁县是国务院批准的对外开放县之一，地理位置优越，交通条件便利，为中原经济区中心地带。晋、冀、鲁、豫四省通衢，京广电气化铁路、京深高速公路纵贯南北。邯郸机场坐落在县城北10公里处，是通往埠外的门户。

2. 山川河流

磁县自然地势西高东低，西部属太行山东麓，东部为山前冲积平原，自西向东依次为山区、丘陵、平原，约各占三分之一，海拔在100～1500米，最高峰1088米。县城处于东部平原地段，西部山脉东麓冲刷下来的富含有机质的土层沉积于此，质地肥沃，适宜耕作，是古代人民理想的生憩之所。

磁县区域河流较多，水资源丰富。较大的河流都发源于西部山区，自南向北有漳河、滏阳河、忙牛河三大河流和岳城、东武仕两大水库。近年来修建的南水北调中线工程由南向北蜿蜒从县城西部穿过，大大改善了县城生活和生产用水的现状，提高了人们生活环境。

3. 气候

磁县位于北半球属北温带半湿润半干旱大陆性季风气候，四季分明，年均气温 13.8 度，年均降水521.4 毫米，历年平均无霜期为 201 天。

三　历史沿革

磁县所在地理位置为华北大平原西缘，傍太行山麓东侧。自郑洛北行，磁州为必经之地，是自古以来人类活动较为频繁的地区，曾多次建都筑邑。据考古资料显示，早在几万年前，人类就在此地活动。春秋时属晋地，战国时归赵，汉时置梁期县。三国魏黄初三年（222 年）设临水县。北周保定元年（561 年）置滏阳县和成安郡。隋开皇十年（590 年）于滏阳县置慈州，以县西九十里有磁山产磁石而得名，领滏阳、临水二县，大业初州废。唐武德元年（618 年）以相州之滏阳、临水、成安置磁州。贞观元年（627 年）州废，滏阳、成安还隶相州。永泰元年（765 年）六月节度使薛嵩，请于滏阳复置慈州，领滏阳、武安、昭义（临水）、邯郸四县。天祐三年（906 年）因与河东慈州音同，更名为惠州。后梁复为磁州。宋磁州先隶河北路，后属河北西路。政和三年（1113 年）改磁州为磁州。元太祖十年（1215 年）升磁州为滏源军节度，隶真定路。太宗八年（1236）隶邢洺路。宪宗二年（1252年）改邢洺路为洺磁路。至元十五年（1278 年）改洺磁路为广平路总管府，磁州仍隶。明洪武元年（1368 年）复置磁州属广平府。翌年改属彰德府，领武安、涉县二县。清雍正四年（1726 年）因"永邯争水"，复属直隶广平府，不再领县。民国 2 年（1913 年）磁州降为磁县，属直隶省冀南道。3 年属大名道，民国 17 年废道，直属于河北省。1945 年全县解放，属第六专署。1946 年后历属太行区三专区、五专区、六专区，1948 年 9 月属华北行政区六专区。1949 年属河北省邯郸专区。1958 年 11 月临漳、成安二县并入磁县。1960 年 5 月邯郸专区撤销，磁县属邯郸市。1961 年复属邯郸专区，5 月成安、临漳二县分出，恢复原建制。1970 年专区改为地区，磁县属邯郸地区。1993 年 7 月地市合并，属邯郸市。

四　发掘经过

1. 考古工作的缘起

南水北调是缓解中国北方水资源严重短缺局面的重大战略性工程。我国南涝北旱，南水北调工程通过跨流域的水资源合理配置，大大缓解我国北方水资源严重短缺问题，促进南北方经济、社会与人口、资源、环境的协调发展。南水北调中线工程磁县段南起于河北省与河南省交界处的漳河北岸，北止于磁县与邯郸县交界的河北村村西，全长 40 余公里，南水北调中线工程由南向北穿越磁县境内磁县北朝墓群。磁县北朝墓群是全国重点文物保护单位，南北绵延 15 公里，东西约 14 公里，其中讲武城镇为北朝墓葬分布密集区。同时，该区域南邻漳河，也是汉代墓葬分布的主要区域，地下埋藏十分丰富。为配合南水北调中线工程第一标段讲武城镇双庙和东小屋取土场的取土工作，受南水北调中线干线工程建设管理局河北直管项目建设管理部工程管理四处的委托，磁县文物保管所和河北省文物研究所组成联合考古队，于2011年8月25日至2013年9月20日，完成了双庙村南和东小屋村东取土场的文物考古勘探、墓葬清理、遗址发掘和田野及出土文物科技保护等工作。

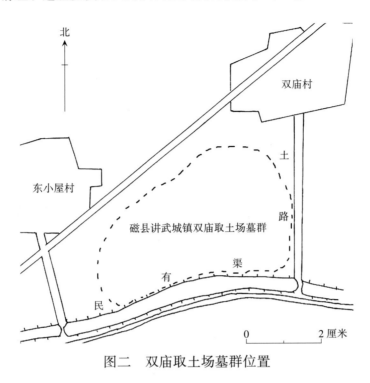

图二　双庙取土场墓群位置

2. 工作过程

该取土场墓地考古发掘工作由河北省文物研究所和磁县文物保管所联合发掘，领队为张晓峥，李江、王志强、郝亮等参加了发掘。

取土场探明的古墓葬主要分布在取土场的西北角、双庙村闫好林砖厂东西两侧。自2012年8月开始，陆续到2013年4月，经过进一步密探，发现编号M3、M5、M6、M35为近现代墓葬；M1、M2、M19、M20、M21、M43为土坑，价值不大，故未对其进行清理。

本次古墓葬清理探方大小主要根据墓葬分布情况而操作，大部分为6×10米，揭取表土后，削刮平面，暴露墓口后绘制探方遗迹平面图、照相。沿墓口向下发掘，到底后清理周边卫生，对墓坑及棺床进行绘图照相，照相绘图后采集人骨及器物并做好记录等工作。

在该取土场的文物考古勘探过程中，探明取土场的西南角有一片遗址，面积大约800平方米。2013年5月开始对该遗址进行发掘，9月份田野工作结束。根据实际发掘需要，我们把发掘区划分为两个小区进行工作，发掘面积共792平方米，其中第一区发掘面积504平方米，第二区发掘面积288平方米，时期为汉代。遗址发掘探方方向为正南北方向，探方规格为6×6.2米，东、北两侧留1米隔梁。

这次文物勘探50万平方米，清理古墓葬39座，出土器物700余件（套），发掘古遗址792平方米。

经河北省文物处协调，磁县文保所与吉林大学边疆考古研究中心合作整理这批重要的墓葬发掘资料。2014 年 5~6 月，吉林大学边疆考古研究中心冯恩学教授带领研究生郝军军、高义夫、谷峤、潘晓暾、王慧到磁县，在磁州窑博物馆对出土遗物进行了绘图、照相等信息采集工作。11 月开始编辑书稿，2015 年 5 月初稿完成，2015 年 9 月定稿。

五　编写体例

本报告是关于磁县双庙取土场墓葬的考古发掘报告。发掘墓葬共计 39 座，其中两汉时期 27 座，魏晋时期 2 座，北朝时期 3 座，唐代 4 座，北宋 3 座，共出土器物 710 件（套）。

本报告按照墓葬所属朝代先后次序分章，每章按照发掘时编就的墓号顺序介绍资料。

墓葬古代已经被严重盗掘扰动，发现时大多数器物已经失去原位，有的出在被盗后流进墓室内的填土中，平面图中的器物位置不能反映随葬品下葬时的摆放位置。因为缺少发掘过程中器物出土状态的照片，对原始记录中墓葬平面图中的器物位置不能校正，故报告中的墓葬遗迹平剖面图和描述，基本按照原始记录发表，原始记录图缺少的部分，也无法添加，平面图器物位置只是一个示意，不代表器物摆放的状态，有的位置欠准确，因为缺少发掘现场照片，也无法改动。

墓葬发掘编号是年度、遗址拼音字母、墓号，如 2012CSM4 表示 2012 年发掘的磁县双庙墓群的第 4 号墓。本报告为了行文简洁，只写墓号。发掘记录中，有部分器物是记载现场起取器物时，按照一堆或一类给的群组号，如 20 枚铜钱给一个号，再如 M48 的 6 件俑头给一个号，报告按照原始记录编号，不再另给新号，以防混乱，需要单独介绍者则加分号。

六　取土场周边历年文物考古工作概况

1. 1957 年，河北省文物管理委员会工作组在配合京汉路磁县以南改线工程中，于讲武城北垣外路基两侧筑路取土发现古墓 56 座，其中汉墓 49 座，北齐墓 2 座，唐墓 2 座，宋墓 3 座，出土了大量器物，为当地的葬俗研究提供了丰富的实物资料。

2. 1978 年 9 月至 1979 年 6 月，中央美术学院、河北省文管处和磁县文化馆在县城南 2 公里的大冢营村北抢救性发掘清理了东魏茹茹公主墓。本次发掘出土了彩绘陶俑 1000 余件，两枚拜占庭金币，一盒墓志和大量壁画。这些珍贵器物对研究东魏雕塑、仪制服饰、书法、绘画和东西方商贸往来等方面具有重要的研究价值。

3. 1987 年 4 月，中国社会科学院考古研究所和河北省文物研究所合作组成的邺城考古队对城南湾漳村北朝墓进行了发掘清理。本次共清理出各类随葬品 2000 余件，主要有陶俑、陶牲畜、陶镇墓兽、陶质模型和大量壁画等。陶俑和随葬品及其排列组合，对于研究当时的礼仪、社会、服饰、雕塑艺术都具有重要价值。另外，从墓葬的形制、规模、宏伟的壁画及其内容、大量精美的随葬陶俑以及地面的石刻人像来判断，该墓可能属于某个帝王的陵墓。

4. 1974 年 5 月，磁县文化馆在河北省文管处的协助下，在城南 5 公里东陈村西北 0.5 公里"四美冢"处发掘清理了一座墓葬。出土了陶器、瓷器、石灯和墓志等器物，具有较重要的历史研究价值。同时，也确定了该墓主人为东魏尧赵氏。1975 年 4 月~6 月又在此处清理了北齐尧峻墓，出土有陶俑、瓷器和墓志等器物。

5. 1975 年 9 月，磁县文化馆在中央美术学院和河北省文管处的大力协助下主持发掘了位于县城西约 4 公里东槐树村西北的北齐高润墓。出土器物有陶俑、青瓷罐、青瓷烛台、青瓷碗、石器、铜器和墓志等。此墓出土文物丰富，且有明确纪年，为北朝考古学提供了新的科学资料。此墓发现的较完整的墓室壁画，填补了我国绘画史上的一页空白。

6. 1978 年 6 月，磁县文物保管所在讲武城乡孟庄村南发掘清理了北齐元良墓。此次出土有陶俑、青瓷器和墓志等器物，为研究当地北朝元氏宗族墓提供了可靠的实物资料。

7. 2007 年 5 月，为配合南水北调中线干线工程建设，河北省文物研究所与中国人民大学文物工作者，联合对邯郸市磁县孟庄南、孟庄 2 处遗址及 3 座东汉时期古墓进行了发掘，出土了漆盘、漆盒、铜镜等大量珍贵文物。

8. 2009 年 2 月 26 日至 7 月 28 日，省文物研究所与磁县文物保护管理所联合组成考古队，对 M39 进行了抢救性考古发掘。该墓葬遭受盗扰严重，只残存少量遗物，出土可复原标本 80 余件，出土物有陶盘、陶仓、青瓷罐、彩绘陶俑、步摇冠金饰片、拜占庭金币等。彩绘陶俑有按盾武士俑、甲骑具装俑、仪仗仪卫立俑、女仆俑等。陶俑制作采用模制成型，局部雕塑修饰，烧制后通体彩绘。这批陶俑制作精良，人物面目表情、服饰表现逼真，风格写实。在墓室东南角发现墓志盖 1 件，青石质，边长 0.8 米，盝顶形，上篆书"大齐故修城王墓志铭" 9 个字，四角各残留铁环穿凿痕迹，四周刻绘"青龙、白虎、玄武、神兽"图案。《北齐书·卷十四》："阳州公永乐，神武从祖兄子也。……永乐卒于州，……谥号'武昭'，无子，从兄思宗以第二子孝绪为后，袭爵，天保初，改封修城郡王。"从而证实了 M39 墓主人为北齐皇族修城王高孝绪。

磁县北朝墓群北齐皇族高孝绪墓葬的发掘具有较高的学术价值：一、高孝绪墓出土墓志盖，是认识高孝绪及周围北朝墓葬性质的科学依据，厘清了北齐皇宗陵域的大致范围，对磁县北朝墓群东魏、北齐陵墓兆域研究工作具有重要意义，为北朝墓群制定科学保护方案提供重要资料。二、墓葬壁画是此次考古发掘最重要的收获，墓道绘制人物仪仗出行图，人物绘制圆润饱满，线条流畅简练，是古代疏体绘画的真实体现，同时为研究北朝时期的仪卫等级制度提供了实物资料。甬道内绘制的束莲花柱，为近年来北朝墓葬中首次发现，此柱形制在邯郸峰峰南北响堂山石窟中所见，揭示了墓主人与佛教有着密切的关系。三、墓葬封土建造技法较为独特，为近年来考古发掘所少见，为北朝时期墓葬封土构建方法的研究提供了新材料。

9. 受河北省文物局的委托，中国社会科学院考古研究所河北工作队于 2006 年 9 月至 2007 年 7 月发掘了磁县北朝墓群 M003 号墓（即元祜墓）。该墓位于磁县讲武城镇孟庄村西南 500 米处，未被盗掘，随葬品组合完整，出土器物 190 余件，大面积壁画和一盒青石墓志。这些珍贵文物为研究当时社会制度、生产技术和艺术风格提供了宝贵资料。同时，元祜墓志的出土，明确了磁县北朝墓群中东魏皇宗陵的地域所在。这是认识元祜墓周边北朝墓葬性质的科学资料，也是进行磁县北朝墓群布局研究的一个突破，对科学保护北朝墓群具有重要的意义。

10. 2009 年 1 月，磁县文物保管所在讲武城城墙西侧抢救性发掘清理一座北朝墓。出土的器物有陶俑、瓷器、铁器等。虽然该墓历史上被毁严重，而又全部坍塌，但从墓室中我们找到了被破坏的石质墓志铭碎块多件，其中一残块上刻有篆书"齐"字。为我们推断该墓的年代提供了依据。该墓出土的陶俑无论从制作、彩绘、造型、种类、神态等各方面看都非常了不起。特别是陶俑的面部神态，大到眼耳鼻口，小到眉毛、胡子和唇红都清晰可见。最特殊的就是部分陶俑的耳朵用黄金包裹涂抹，另外还有陶马和其他陪葬品上也有类似情况，这在以往同时期墓葬中是从来没有发现过的，这应该是墓主人地位身份尊贵的反映和体现。另外，墓葬出土的青瓷覆莲罐、青瓷罐也都体现了北齐青瓷的特点，反映了古代青瓷的烧造技艺和水平，为研究中国古代陶瓷的烧造提供了不可多得的实物资料，具有重要的研究价值。

第二章 汉代墓葬

一 M4

位于双庙砖厂东侧、双庙村西南，该墓坐南朝北，开口于②层下，方向为北偏西10°。该墓早期被盗扰，墓门遭到破坏。

（一）墓葬结构

M4为一座带墓道长方形砖砌单室墓，由墓道、墓门、甬道和墓室组成（彩版一，1）。皆以素面青砖砌成，墓砖规格为31×15×5厘米。

1. 墓道

墓道位于墓室北面，长5.1米，宽0.9米，南部深2.7米，北部深0.5米，平面呈狭窄长条形，斜坡式，直壁（图四）。

2. 墓门

墓门位于墓室北壁偏西，用不规则青砖砌筑，为券顶结构，券顶早期被破坏，现仅残存七层青砖。

3. 甬道

甬道为券顶结构，长0.7米，宽0.8米，高1.2米，券顶早期遭到破坏。

4. 墓室

墓室平面近纵向长方形，两侧壁略外弧，长2.9米，宽1.7米，高2.2米。直壁以上略呈弧形，四壁皆用青砖错缝平砌而成，直壁高1.6米，然后用单砖叠压平砌开始起券券筑墓顶（图五，图六）。墓顶结构为拱券顶，券高0.6米。墓室底部为不规则青砖铺砌而成。

（二）人骨

墓室偏西有人骨两具，男女各一，头向北，人骨散乱，盗扰严重。

图四 M4全景

图五　M4 墓室

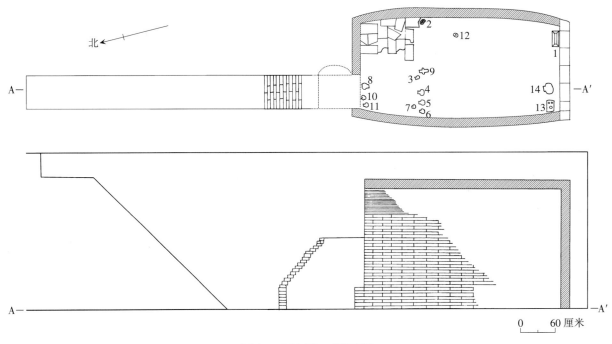

图六　M4 平、剖面图

（三）随葬品

该墓出土器物 14 件（套），其中陶器 12 件，铜镜 1 面，铜钱 20 余枚。

陶器主要有瓮、罐、壶、方箅、灶等，陶器均为素面，多在肩、腹以旋纹装饰。器表均存在不同程度的土锈。铜镜平面呈凸形，青铜质地，球形镜纽，带孔，带绿绣斑，腐蚀严重。

1. 陶器

12 件，有陶罐、陶方箅、陶壶、陶灶 4 种。

陶罐　标本 M4∶4，泥质灰陶，轮制。直口，方唇，鼓肩，平底。腹部饰凹弦纹一周。口径 12.5、底径 13、高 20.5 厘米（图七，4）。

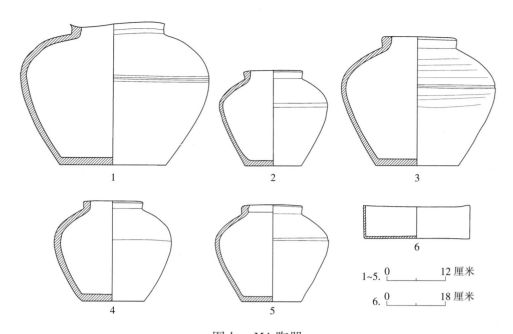

图七　M4 陶器

1. 罐 M4∶14　2. 罐 M4∶7　3. 罐 M4∶11　4. 罐 M4∶4　5. 罐 M4∶10　6. 方箅 M4∶1

陶罐　标本 M4∶7，泥质灰陶，轮制。直口，方唇，鼓肩，平底。肩部有白色纹饰，不甚清楚。口径 12、底径 11、高 19.5 厘米（图七，2）。

陶罐　标本 M4∶10，泥质灰陶，轮制。直口，方唇，内唇边向内凸，鼓肩，平底。腹部饰凹弦纹一周。口径 12、底径 13、高 20 厘米（图七，5）。

陶罐　标本 M4∶11，泥质灰陶，轮制。直口，方唇，唇面微内斜，鼓肩，平底。腹部饰凹弦纹一周。口径 12、底径 13、高 20 厘米（图七，3）。

陶罐　标本 M4∶14，泥质灰陶，轮制。器形不甚规整，口部扭曲严重。直口，方唇，广肩，平底。腹部饰三周凹弦纹。口径 20、底径 20、高 29 厘米（图七，1）。

陶罐　标本 M4∶8，泥质灰陶，轮制。平沿，方唇，直颈，圆肩，平底。口沿残破。肩部有斜向戳按浅坑纹。肩、腹部之间有一周凹弦纹（图八，1）。

陶方箅　标本 M4∶1，泥质灰陶，长方形。长 33，高 10 厘米。（图七，6）

陶壶　标本 M4∶9，泥质灰陶，盘口，圆唇，窄沿，沿面内凹。垂腹，平底。肩以下为刮过的宽带旋纹。腹部饰凹弦纹两周，口沿残缺。口径 12、底径 13、高 20 厘米（图八，2）。

灶　1 件。残，标本 M4∶13，平面为不规则椭圆形，顶面有三个圆形灶眼。一灶眼上放置圆盘，盘内有一陶勺。一灶眼上放置深腹甑，甑为平折沿，敞口，方唇，斜直腹。灶门呈拱形。灶为素面。灶的后部有一小孔。整个灶身长 22、宽 18、高 8 厘米（图八，3）。

2. 铜器

铜镜　标本 M4∶12，直径 8.5 厘米。青铜质地，半球形纽，三角缘，镜面略外鼓。简化云雷连弧纹镜。（图八，4）。

铜钱　20 余枚　均为汉代五铢钱。

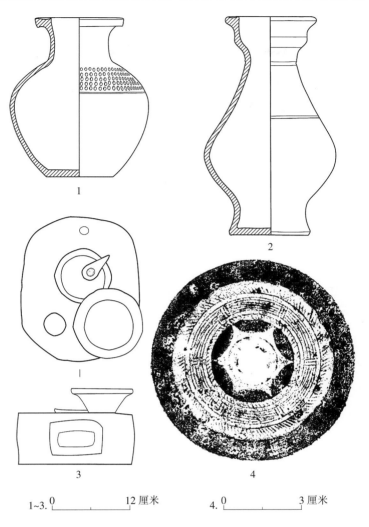

1~3. 0 ————————— 12 厘米　　　4. 0 ————————— 3 厘米

图八　M4 器物

1. 罐 M4∶8　2. 壶 M4∶9　3. 灶 M4∶13　4. 铜镜 M4∶12

二　M7

M7 坐北朝南，方向为南偏东 20°。保存状况较好。

（一）墓葬形制

M7 是一座带墓道砖砌双室墓，由墓道、墓门、甬道、前室和后室组成（图九、图一〇、图一一）。皆以素面青砖砌成，墓砖规格为 30×15×5 厘米。

1. 墓道

墓道位于前室南壁正中，长 6 米，宽 0.8 米，南部深 0.5 米，北部深 3.3 米，平面呈狭窄长条形，斜坡式，直壁。

2. 墓门

墓门位于前室南面，为券顶结构，由单层竖砖砌成，宽 0.7 米，券高 0.45 米。墓门与前室之间

图九　M7 发掘外景　　　　　　　　　图一〇　M7 墓门与封门砖

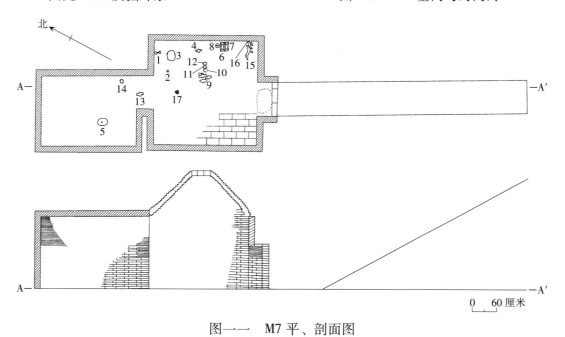

图一一　M7 平、剖面图

有砖砌的甬道。

3. 前室

前室平面呈正方形，直壁以上略呈弧形，四壁皆用青砖错缝平砌而成，直壁高 1.8 米，然后用单砖叠压平砌开始起券券筑墓顶，墓顶结构为轿顶形，券高 1.1 米。墓室底部有铺地砖，为单砖错缝斜铺。前室东壁顶部有一排铁钩（彩版一，2），铁钩上部是横铁条，压在第一层与第二层砖的缝隙内。

4. 甬道

甬道位于前后墓室中间，为券顶结构，宽0.8米。

5. 后室

后室保存较完整，淤土很少，后室直壁高1.8米，为拱券形顶。墓室底部有铺地砖，铺法不规则。

（二）人骨

墓室葬二人，头向北，面向上，人骨散乱，腐朽严重。

（三）随葬品

随葬品共17件（套），包括陶器、铜器、铁器，其中陶器13件，铜器2件，铁器1件，铜钱17枚。

1. 陶器

13件，有陶瓮、陶罐、陶壶、陶方盒、陶盘、陶耳杯、陶鸭7种。

陶瓮　标本M7：3，直口，腹部，平底。泥质灰陶，肩部与腹部交接处有凸弦纹两周，肩以下为刮过的宽带旋纹。口径30、底径28、高42厘米（图一二，1）。

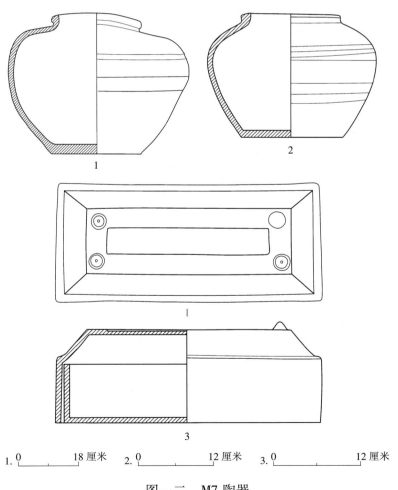

图一二　M7陶器

1. 瓮（M7：3）　2. 罐（M7：14）　3. 方盒（M7：7）

陶罐　标本 M7：14，直口，鼓腹，平底。泥质灰陶，肩部和腹部有旋纹。口径 16、底径 16、高 20 厘米（图一二，2）。

陶壶　标本 M7：13，直口，长颈，鼓腹，平底。泥质灰陶，肩部有旋纹，腹部旋纹。口径 13.5、底径 15、高 36 厘米（图一三，1）。

陶壶　标本 M7：4，直口，长颈，鼓腹，平底。泥质灰陶，口部和肩部交接处有凸弦纹，腹部弦纹。口径 13、底径 14、高 34 厘米（图一三，3）。

陶罐　标本 M7：12，口部，腹部，底部。泥质灰陶，素面纹饰。口径 9、底径 13.5、高 27 厘米（图一三，4）。

陶方盒　标本 M7：7，泥质灰陶。长方形。套盖为盝顶，顶四角有锥形足。方箧长 35、高 9 厘米。盖长 38、宽 17.5、高 14 厘米（图十二，3）。

陶盘　标本 M7：8，圆形，敞口，圆唇，宽折平沿，折腹，大平底，素面。口径 23.5、底径 12.5、高 3.5 厘米（图一三，2）。

陶耳杯　5 件。标本 M7：9。呈船形，椭圆形口，较宽的两侧附有新月形耳，耳与口处于同一平面，耳下弧腹内收，平底假圈足，素面。长径 13.5、短径 11、高 3.5 厘米（图一三，5）。

陶鸭　2 件。标本 M7：15，泥质灰陶，站立，敛羽。高 17.5 厘米（图一四，1）。M7：16，形态与之类似，喙残缺，高 16 厘米。

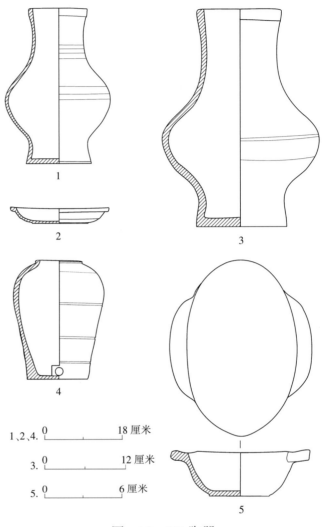

1、2、4. ├─────────┤ 18 厘米
3. ├─────────┤ 12 厘米
5. ├─────────┤ 6 厘米

图一三　M7 陶器
1. 壶（M7：13）　2. 盘（M7：8）　3. 壶（M7：4）　4. 罐（M7：12）　5. 耳杯（M7：9）

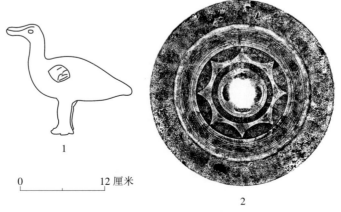

0 ├─────────┤ 12 厘米

图一四　M7 器物
1. 陶鸭（M7：15）　2. 铜镜（M7：5）

2. 铜器

铜镜　2 面。

M7：5，半球形纽，宽素平缘，云雷连弧纹镜。纹饰外区是 8 个等距分布的螺旋涡纹，涡纹之间是平行的弧线带；内区纽周边是柿蒂纹，8 连弧纹。直径 21 厘米（图一四，2；彩版二，1）。

M7：2，圆形，圆纽，八连弧纹。直径 7.5 厘米（彩版二，2）。

铜钱，17 枚，均为五铢钱。

3. 铁器

铁灯盏　M7：1，方唇，唇上竖立三环耳口，斜直腹，平底，三矮足。口径 11、高 5 厘米（图一五）。

图一五　铁灯盏

三　M8

M8 开口于②层下，方向为南偏东 190°。

（一）墓葬结构

M8 为一座带墓道长方形砖砌墓，由墓道、墓门、甬道、耳室和墓室组成。皆以素面青砖砌成，墓砖规格为 30×15×5 厘米。

1. 墓道

墓道位于墓室南面，长 5.8 米，宽 0.8 米，南部深 0.3 米，北部深 2.8 米，平面呈狭窄长条形，斜坡式，直壁（图一六）。

2. 墓门

墓门位于墓室南壁偏东，用不规则青砖砌筑，券顶结构。

3. 甬道

甬道为拱券结构，长 1 米，宽 0.8 米，高 1.1 米。

4. 墓室

墓室平面呈长方形，直壁略呈弧形，四壁皆用青砖错缝平砌而成，直壁高 1.8 米，然后用单砖叠压平砌开始起券券筑墓顶，墓顶结构为拱券顶，券高 0.62 米（图一七）。墓室底部为不规则青砖铺砌而成，西南角有一方形砖台。

5. 耳室

耳室位于墓室东壁处，宽 0.8 米，高 0.8 米，拱高 0.3 米，东西壁呈弧形（图一九）。

（二）人骨

墓室内有人骨两具。一具保存较好；一具腐朽散乱。仰身直肢葬，头向南（图一八）。

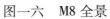

图一六　M8 全景　　　　　　　　　　　图一七　M8 墓室

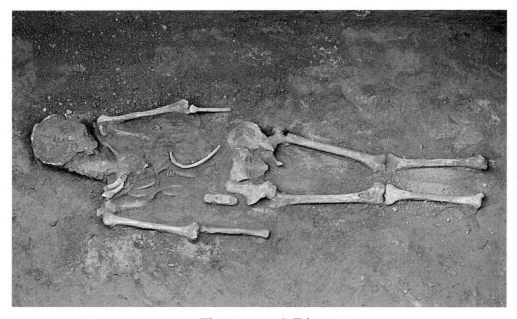

图一八　M8 人骨架

（三）随葬品

随葬品共 10 件（套），包括陶器、铜器等几类，其中陶器 7 件，铜器 1 件，铜钱 10 余枚。另发现葬具上的铜泡钉 6 个。

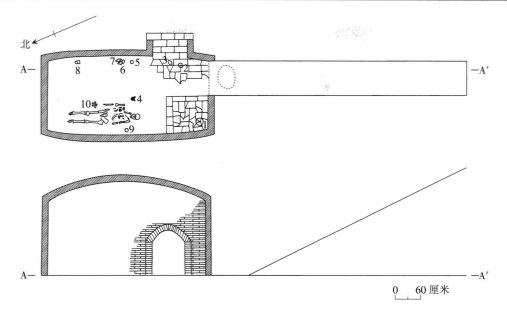

图一九　M8 平、剖面图

1. 陶器

陶罐　5 件，其中一件残，形态相似。标本
M8：2，直口，方唇，圆肩，平底。泥质灰陶，素
面口径 11.5、底径 12、高 19 厘米（图二○，1）。标
本 M8：3，器形不规整。直口，方唇外斜，鼓腹，平
底。口径 10.5、底径 13、高 20.5 厘米（图二○，
2）。M8：5，直口，方唇外斜，鼓腹，平底。素面。
口径 10.5、底径 11、高 17 厘米（图二○，3）。

陶耳杯　1 件（套），标本 M8：7，呈船形，
椭圆形口，较宽的两侧附有新月形耳，耳与口处
于同一平面，耳下弧腹内收，平底。素面。长 10、
宽 9、高 2.7 厘米（图二○，5）。

陶奁　标本 M8：8，陶质陶色圆唇，直壁，
平底，下附三蹄足。口径 19.5、足高 1、通高
13 厘米（图二○，4）。

2. 铜镜

标本 M8：1，圆形，半球形纽，素宽缘，外
缘为三角形，镜面略外鼓。云雷连弧纹镜。纹
饰外区是 8 个等距分布的同心圆，同心圆之间
是平行的弧线带；中区是八连弧纹，连弧之间
有一个弧线三竖线纹；内区有柿蒂纹和"长宜
子孙"铭文。直径 16.5 厘米（图二○，6）。

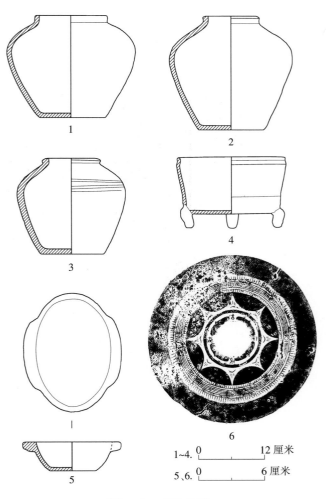

图二○　M8 器物
1. 陶罐（M8：2）　2. 陶罐（M8：3）　3. 陶罐（M8：5）
4. 陶奁（M8：8）　5. 陶耳杯（M8：7）　6. 铜镜（M8：1）

图二一　M9

图二二　M9 墓室

图二三　M9 砖台

四　M9

M9 开口于②层下，该墓坐北朝南，方向为 190°。保存状况不佳，券顶已被破坏。

（一）墓葬形制

M9 是一座长方形砖砌墓，由墓道、墓门和墓室组成。皆以素面青砖砌成，墓砖规格为 30×15×5 厘米。

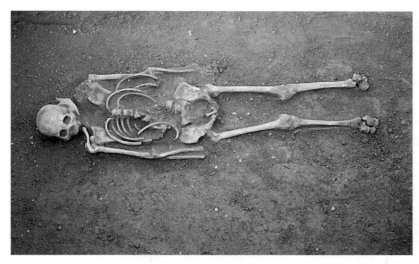

图二四　M9 人骨

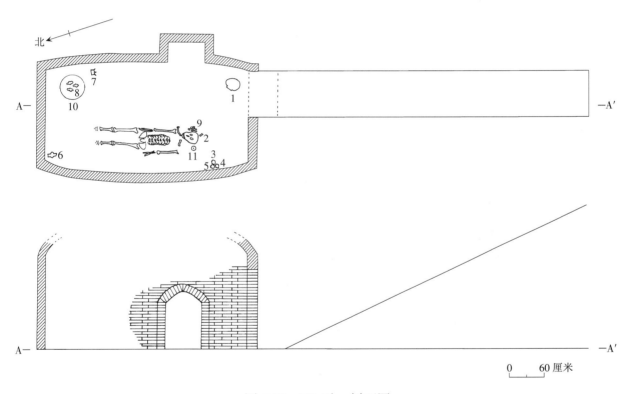

图二五　M9 平、剖面图

1. 墓道

墓道位于墓室南面，长 5.8 米，宽 0.8 米，北部深 2.5 米，平面呈狭窄长条形，斜坡式，直壁。

2. 墓门

墓门位于墓室南壁偏东，为券顶结构。

3. 墓室

墓室平面近纵向长方形，两侧壁略外弧，四壁皆用青砖错缝平砌而成，直壁高 1.6 米，然后用单砖叠压平砌开始起券券筑墓顶。墓顶结构为拱券顶，券顶被破坏，券高不详。墓室底部为不规则青砖铺砌而成，西南角有砖台，长 1.2 米，宽 0.7 米，高 0.1 米，为两层青砖错缝平铺而成。

4. 耳室

墓室东壁有耳室，宽 0.6 米，高 1 米，拱高 0.2 米。

（二）人骨

人骨两具，一具保存较好。头南向，仰身直肢葬。

（三）随葬品

该墓出土器物共 11 件（套），其中陶器 8 件，铜镜 1 面，铜钱 10 余枚。另有铅饰件若干。陶器主要有罐、奁、壶，耳杯，陶器均为素面，保存状况不太好，器表均存在不同程度的土锈。

1. 陶器

陶罐　3 件。标本 M9：3，器形不规整。直口，方唇外斜，泥质灰陶，颈部饰旋纹两周。口径 10.5、底径 11、高 17.5 厘米（图二六，1）。M9：5 形制同前，口径 11、高 18.5 厘米（图二六，5）。

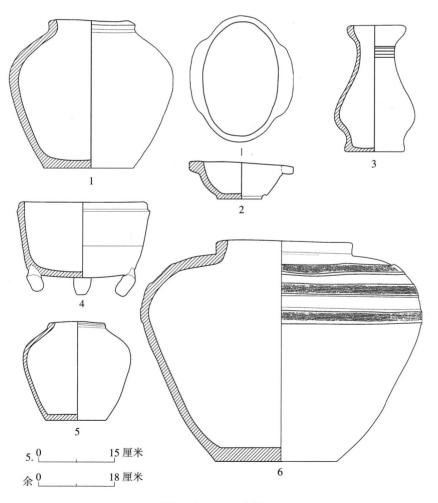

图二六　M9 陶器

1. 罐（M9：3）　2. 耳杯（M9：8）　3. 壶（M9：6）　4. 奁（M9：7）　5. 罐（M9：5）　6. 瓮（M9：1）

陶耳杯　3件，标本 M9：8，器形不规整。呈船形，椭圆形口，较宽的两侧附有新月形耳，耳与口处于同一平面，耳下弧腹内收，底呈假圈足，素面。长11、宽9、高3厘米（图二六，2）。

陶壶　标本 M9：6，直口，束颈，垂腹，平底。泥质灰陶，颈部饰旋纹三周。口径14、底径14、高30.5厘米（图二六，3）。

陶奁　标本 M9：7，足残缺。圆唇，直壁，平底，下附三蹄足。筒腹，饰弦纹一周。口径17、通高11.5、足高2厘米（图二六，4）。

陶瓮　标本 M9：1，直口，方唇，大鼓肩，平底。泥质灰陶，肩部饰方格纹带三周。口径31.5、高49厘米（图二六，6；图版一，1）

2. 铜器

铜镜标本 M9：11，圆形半球形纽，三角缘，镜面略外鼓。简化博局纹镜。外区是一圈锯齿纹、一圈短线纹。内区是由方框、弯弧线、短线组成的纹饰带。直径7.5厘米（图二七；图版一，2）。

铜钱，均为五铢钱。

3. 明器

铅质马具一套，编号为 M9：2。其中马镳2件，当卢1件，皆为明器。

马镳的镳杆呈 S 形，边缘有镂空花饰，中段有2个穿孔。当卢形态特殊，上部呈钟形，中部圆形，下部呈 Y 形，表面有密集的几何纹和镂孔（图二八）。第一个马镳铅饰件长7厘米，第二个马镳长8.5厘米，当卢长8厘米。

图二七　M9 铜镜

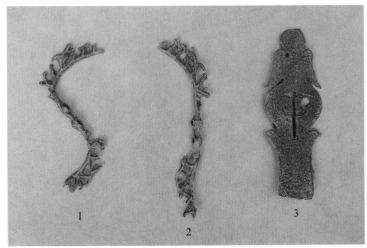

图二八　M9 铅明器（M9：2）
1、2. 马镳　3. 当卢

五　M10

M10 坐西朝东，开口于②层下，方向为5°。墓葬保存状况不佳，墓门以及前后室的券顶遭严重破坏，且曾被盗掘。

（一）墓葬结构

M10 为一座长方形砖砌双室墓，由墓道、墓门、甬道、前室和后室组成。以素面青砖砌成，墓砖规格为 31×15×5 厘米。

1. 墓道

墓道位于墓室东面，长 3.9 米，宽 0.8 米，西部深 3 米，平面呈狭窄长条形，斜坡式，直壁。

2. 墓门

墓门位于前室东壁偏北处，为券顶结构，已被墓门和前室之间有砖砌甬道破坏。

3. 前室

前室平面近纵向长方形，两侧壁略外弧。下类似形状的均如此，四壁皆用青砖错缝平砌而成，直壁高1.2 米，然后用单砖叠压平砌开始起券券筑墓顶，墓顶结构推测为轿顶形，由于券被破坏，所以高度不详。墓室底部没有铺地砖。前室南部放有棺床，棺床长 2.2米，宽 0.7 米，高 0.1 米，为两层青砖错缝平铺而成。

4. 甬道

甬道位于前室和后室之间，长 0.9 米，宽 0.8 米，高 0.5 米。券顶为拱券形。

图二九　M10 前室和后室

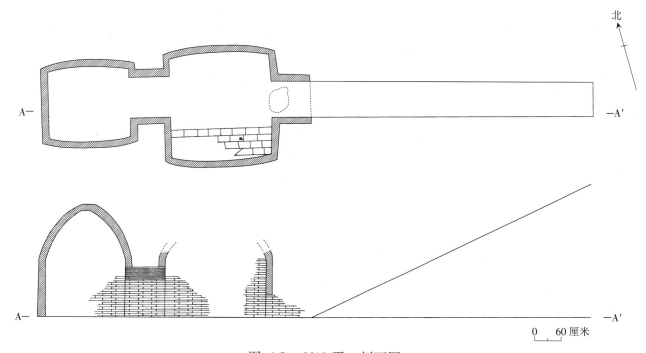

北

0　　60厘米

图三〇　M10 平、剖面图

5. 后室

后室平面呈正方形，直壁高 1.3 米，券顶为轿顶形。墓室底部没有铺地砖。

（二）随葬品

被盗空，没有发现遗物。

六　M11

M11 坐西朝东，开口于②层下，方向为 5°。该墓保存状况较好，未曾被盗掘。

（一）墓葬形制

M11 为一座长方形砖砌双室墓，由墓道、墓门、甬道、前室和后室组成。皆以素面青砖砌成，墓砖规格为 31×15×5 厘米。

1. 墓道

墓道位于墓室东面，长 5.8 米，宽 0.7 米，西部深 2.9 米，平面呈狭窄长条形，斜坡式，直壁（图三一）。

1　　　　　　　　　　　　　　2

图三一　M11
1. M11 全景　2. 墓门

2. 墓门

墓门位于前室东壁正中，为双券顶结构。

3. 甬道

甬道长 0.8 米，宽 0.7 米，高 1.3 米，券顶为拱券形。

4. 前室

前室平面呈长方形，长 2.7 米，宽 2.2 米，高 2.6 米。直壁略呈弧形，四壁皆用青砖错缝平砌而成，直壁高 1.7 米，然后用单砖叠压平砌开始起券券筑墓顶，墓顶结构为轿顶形。墓室底部有铺地砖。

5. 后室

后室平面略呈正方形，长 2.2 米，宽 2.1 米，高 2.6 米。直壁高 1.7 米，券顶为盝顶形。室底部有铺地砖（图三二）。

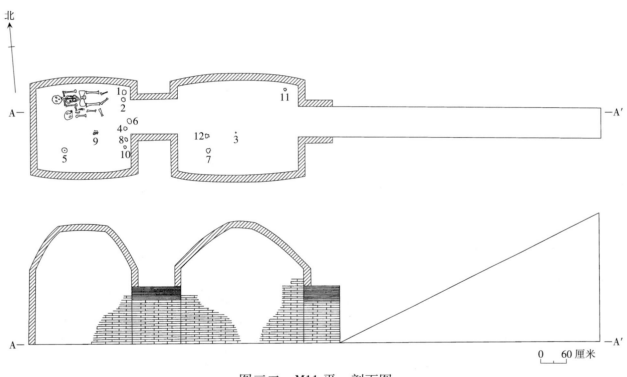

图三二　M11 平、剖面图

（二）人骨

后室有人骨两具，仰身直肢葬，保存一般。

（三）随葬品

该墓出土器物 12 件（套），其中陶器 8 件，青釉盉 1 件，铜镜 1 面，另出土货泉和五铢铜钱 10 余枚。

1. 瓷器

青瓷盂 标本 M11:7，圆唇，盘口，宽折沿，沿面内凹。弧腹，圜底。灰白胎，壁厚薄不均匀，青釉，外壁施釉不到底，内壁部分施釉。胎外表面有方格纹，底面先施方格纹，后抹平，方格纹仍隐隐可见。口径12、底径10、高8厘米（图三三，3；彩版二，3）。

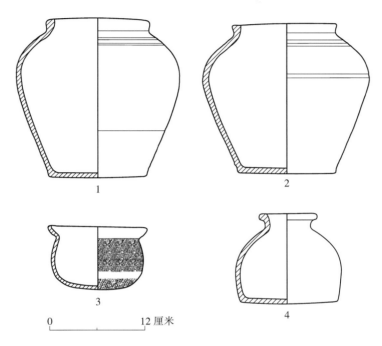

0   12 厘米

图三三　M11 陶瓷器

1. 陶罐（M11:11）　2. 陶罐（M11:8）　3. 青瓷盂（M11:7）　4. 陶大平底罐（M11:12）

2. 陶器

陶罐　7件。标本 M11:11，直口，方唇，鼓腹，平底。肩部饰旋纹两周，腹部下部饰弦纹一周。口径13、底径12、高20厘米（图三三，1）。标本 M11:8，直口外侈，方唇，鼓腹，平底。肩部饰旋纹两周，腹部饰凹弦纹一周。口径13.5、底径12.5、高19厘米（图三三，2）。

大平底罐　标本 M11:12，圆唇，束颈，溜肩，大平底。泥质灰陶，素面。口径7.5、底径12.5、高11厘米（图三三，4）。

3. 铜器

铜镜　标本 M11:5，圆形，半球形纽，三角缘。连弧纹镜。外区八连弧纹，内区柿蒂纹。直径14.3厘米（图三四）。

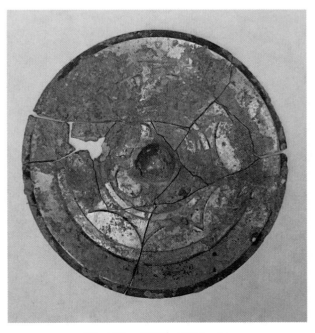

图三四　铜镜（M11:5）

货泉钱　1枚，直径2.3厘米。

五铢钱　17枚。

七　M12

M12坐北朝南，开口于②层下，方向为190°。墓葬保存状况不佳，墓室遭盗掘破坏。

（一）墓葬结构

该墓为砖室结构，为前后双室，前室带一个假券门（图三五），墓砖规格为30×15×5厘米。

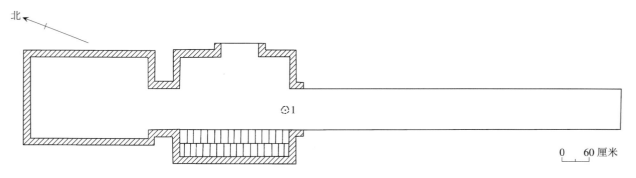

图三五　M12平面图

1. 墓道

墓道位于墓室东面，长5.8米，宽0.7米，西部深2.9米，平面呈狭窄长条形，斜坡式，直壁。

2. 墓门

墓门位于前室南壁正中，为券顶结构。

3. 墓室

前室平面呈近正方形，直壁略呈弧形，四壁皆用青砖错缝平砌而成，直壁高1.7米，然后用单砖叠压平砌开始起券券筑墓顶，墓顶结构推测为轿顶形。前室西部有砖砌的长方形棺床。前室东壁有假券门，宽0.8米，高度不详。后室平面呈长方形，直壁高1.7米，券顶推测为轿顶形。墓室底部有铺地砖。

墓葬严重盗掘扰动，发现时大多数器物已经失去原位，器物位置图不能反映随葬品的摆放位置。

（二）随葬品

因盗掘严重，该墓出土器物仅铜镜1面。

铜镜　标本M12:1，圆形，半球形纽，宽素缘，外缘向内倾斜。镜面略外鼓。内区有连弧纹，直径20.5厘米（图版二，2）。

八 M13

M13 坐北朝南，开口于②层下，方向为 190°。墓葬保存状况不佳，后室的券顶已被破坏，且曾遭盗掘。

（一）墓葬结构

M13 为一座带墓道砖砌双室墓，由墓道、墓门、甬道、前室和后室组成。皆以素面青砖砌成，墓砖规格为 30×15×5 厘米。

1. 墓道

墓道位于墓室南面，长 6.8 米，宽 1 米，北部深 3.4 米，平面呈狭窄长条形，斜坡式，直壁。

2. 墓门

墓门位于墓室南壁偏东，为券顶结构。

3. 甬道

甬道为券顶结构，长 0.7 米，宽 0.9 米，高 1.2 米。

4. 前室

前室平面呈正方形，直壁略呈弧形，四壁皆用青砖错缝平砌而成，直壁高 2.4 米，然后用单砖叠压平砌开始起券券筑墓顶，墓顶结构为拱券顶，券高 0.8 米。墓室底部为不规则青砖铺砌而成。

图三六 M13 全景

5. 后室

后室平面呈长方形，直壁高 2.6 米，券顶被破坏。墓室底部为不规则青砖铺砌而成。

图三七 M13 前室与后室

图三八 M13 前室

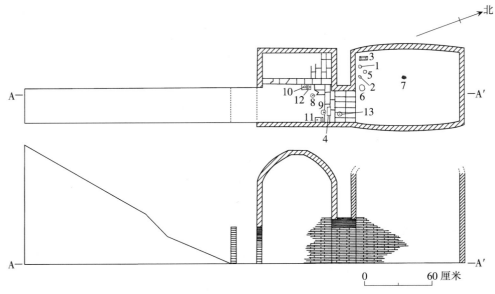

图三九　M13 平、剖面图

（二）随葬品

该墓出土器物共 13 件（套），其中陶器 10 件，铜镜 2 件，铜钱 10 余枚。

1. 陶器

陶罐　3 件。形态相同。标本 M13：2，直口，方唇，鼓腹，平底。泥质灰陶，肩腹部有大小不等的斜向压坑两周。口径 13.5、底径 12.5、高 17.5 厘米（图四〇，1）。

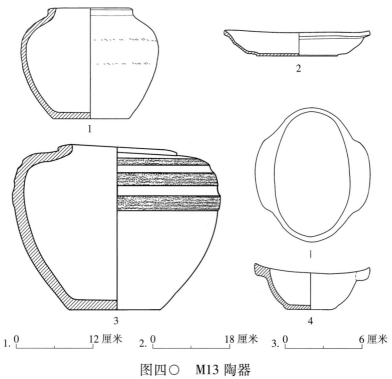

图四〇　M13 陶器

1. 罐（M13：2）　2. 盘（M13：9）　3. 瓮（M13：6）　4. 耳杯（M13：10）

陶方筐　2件。标本M13：3，长方体，盖上长方形内凹，泥质灰陶，素面。长34、宽14.5、高10厘米（图四一，1）。

陶瓮　标本M13：6，器形不规整。盘口，方唇，鼓肩，平底。泥质灰陶，肩部与腹部交接处有凸方格纹三周。口径29、底径23、高39厘米（图四〇，3）。

陶盘　标本M13：9，口沿残。折沿，浅折腹，平底。泥质灰陶，盘内饰凸棱一周。口径23.5、底径13、高3.5厘米（图四〇，2）。

陶耳杯　4件。标本M13：10，泥质灰陶。呈船形，椭圆形口，较宽的两侧附有新月形耳，耳与口处于同一平面，耳下弧腹内收，平底假圈足，素面。长10.5、宽8.5、高3.9厘米（图四〇，4）。

陶灶　标本M13：11，泥质灰陶。灶面为长方形。灶身前壁有拱形火门。灶台上面有三个釜，其中一釜上放置一甑，甑内有陶勺。灶面四边各饰弦纹三周。长23、宽16.5、高7厘米（图四一，2）

陶方案　标本M13：12，器形不规整。长方形，四周有沿，素面。泥质灰陶。长44.5、宽29.5厘米（图四一，3）。

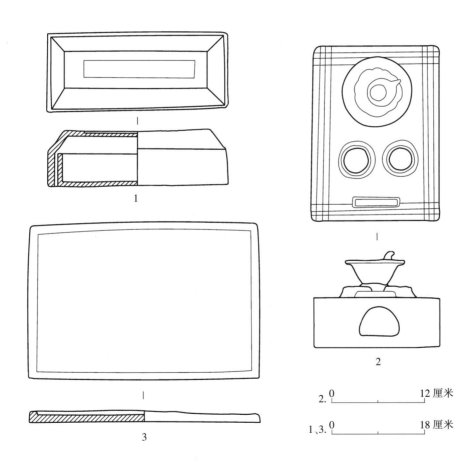

图四一　M13陶器
1. 方筐（M13：3）　2. 灶（M13：11）　3. 方案（M13：12）

2. 铜器

铜镜　2件。标本M13：8，半球形纽，宽素缘，外缘略向内斜。镜面略外弧。长宜子孙连弧纹镜。内区有柿蒂纹，有"长宜子孙"铭文；外区连弧纹。直径11厘米（图四二，1）。标本M13：13，半球形纽，宽平缘，外缘略内斜。蟠龙纹镜。平缘上饰流云纹。内区饰双龙，首尾相追逐；外区是锯齿纹和短线纹各一周。直径 12 厘米（图四二，2；彩版二，4）。

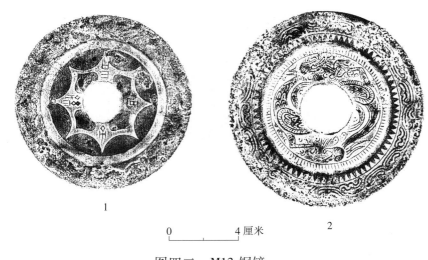

0 ____ 4 厘米

图四二　M13 铜镜
1. 铭文镜（M13∶8）　2. 双龙镜（M13∶13）

九　M14

M14 坐北朝南，开口于②层下，方向为 190°。该墓保存状况不佳，墓顶已被破坏。

（一）墓葬形制

M14 为长方形砖砌单室墓，由墓道、墓门、墓室和耳室组成。皆以素面青砖砌成，墓砖规格为 31×15×5 厘米。

1. 墓道

墓道位于 M13 下面，故没有发掘清理。

2. 墓门

墓门位于墓室南壁正中，为券顶结构。

3. 墓室

墓室平面呈长方形，四壁皆用青砖错缝平砌而成，然后用单砖叠压平砌开始起券券筑墓顶，墙上部有坍塌，墓顶被破坏，结构不详（图四三，四五）。墓室底部为不规则青砖铺砌而成。

4. 耳室

位于墓室东壁，长方形，拱顶（图四四）。

图四三　M14 墓室

图四四　M14 耳室

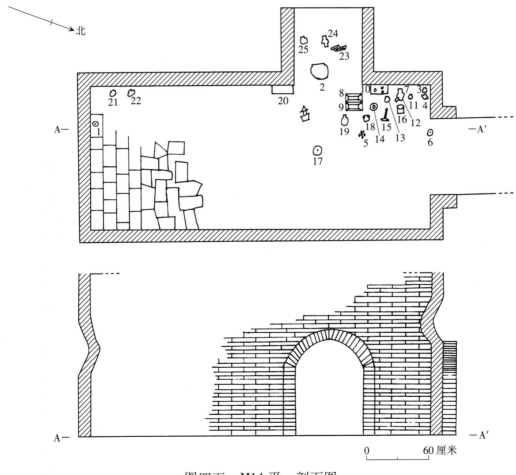

图四五　M14 平、剖面图

（二）随葬品

该墓出土器物共 25 件（套），其中陶器 20 件，铜镜 3 件，铅饰件若干，铜钱 10 余枚。

1. 陶器

陶瓮　标本 M14：2，直口，方唇，鼓腹，平底。肩部与腹部交接处饰凸网格纹三周。口径 26.5、高 45 厘米。（图四六，1）

陶灶　标本 M14：10，灶面为长方形。由灶和釜组成。灶身前壁有拱形火门。灶台上面有三个圆孔，灶面各边饰网格纹，灶面上饰鱼、羊头、炊具等。灶长 20.5、宽 16、高 9.5 厘米。（图四六，3）

陶奁　标本 M14：16，圆唇，直壁，平底，下附三蹄足。筒腹上部饰旋纹两周。口径 19、高 10 厘米。（图四六，2）

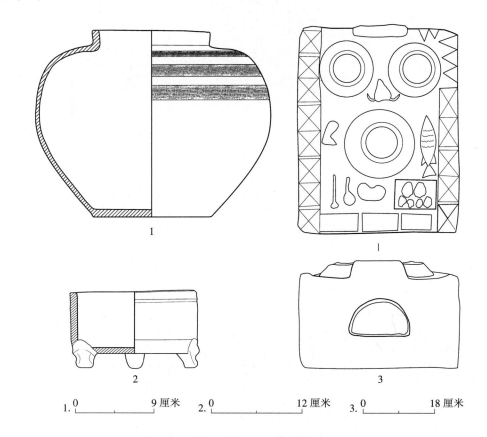

1. 2.
0　　　　9 厘米　　2.0　　　　12 厘米　　3.0　　　　18 厘米

图四六　M14 陶器

1. 瓮（M14：2）　2. 奁（M14：16）　3. 灶（M14：10）　4. 灯（M14：15）　5. 双系罐（M14：18）

鼓肩罐　7 件。形态相同。标本 M14：22，直口，方唇，鼓肩，平底。泥质灰陶。口径 13.5、高 19 厘米（图四七，2）。

双系罐　标本 M14：18，直领，直口，方唇，鼓腹，平底，双系，残失一个。泥质灰陶。颈下的肩部有几何线纹，腹有凹弦纹一周。口径 6、高 12.5 厘米（图四七，1）。

折沿罐　M14：19，平折沿，直口，方唇，鼓腹，凹底。泥质灰陶。腹部有戳坑纹，下腹和底部有横篮纹。口径 15.5、高 28 厘米（图四七，6，图版一，4）。

灯　M14：15，灯碗残失，柄为圆柱形，残高 29 厘米。

井　M14：12，由身、顶架组成，井身为圆形，中空；四脚架，上覆蘑菇盖。高 20 厘米（图四七，4）。

图四七　M14 陶器

1. 双系罐（M14：18）　2. 鼓肩罐（M14：22）　3. 耳杯（M14：14）　4. 井（M14：15）　5. 盘（M14：14）　6. 折沿罐（M14：19）　7. 方箅（M14：20）　8. 壶（M14：24）

　　陶方箅　2 件。标本 M14：20，长方体，盖上长方形内凹，泥质灰陶，素面，有白色粉衣。长 36、宽 16、高 14 厘米（图四七，7）。

　　陶盘　标本 M14：14，口沿残。折沿，浅折腹，平底。泥质灰陶，盘内饰凸棱一周。口径 21、高 4 厘米（图四七，5）。

　　陶耳杯　标本 M14：4，泥质灰陶。呈船形，椭圆形口，较宽的两侧附有新月形耳，耳与口处于同一平面，耳下弧腹内收，平底假圈足，素面。长 10.5、宽 9.5 厘米（图四七，3）。

壶　M14∶24，敞口，垂腹，平底。泥质灰陶，上有白色粉衣。口径14、高32.5厘米（图四七，8）。

2. 铜器和铅器

铜镜　标本M14∶1，半球形纽，三角缘，镜面略外弧，龙虎纹镜，外区是锯齿纹和短线纹各一周；内区有2个抽象的动物纹。直径9.5厘米（图四八，1）。

青龙白虎纹镜　标本M14∶6，半球形纽，宽平缘上有花纹。主题纹饰为龙虎纹。外区是缠枝纹和短线纹各一周；内区有2个龙纹、龙虎尾下是一条鱼，有铭文，铭文为隶书，从龙纹头部开始顺时针旋读："某氏作竟大五—虎耶—保竟乐未央兮"。直径13.5厘米（图四八，2；彩版二，5）。

铜镜　标本M14∶17，圆纽，外区是折线纹和短线纹各一周；内区由圈点、弯钩、三短线组成的四组纹饰。直径7.5厘米（图四八，3）。

铜钱　16件，可辨识为五铢钱。

铅饰件　标本M14∶23，残破，似为花形饰品明器，长9厘米（图四九）。

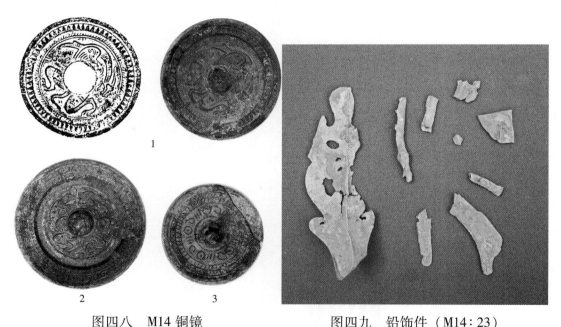

图四八　M14 铜镜
1. 铜镜（M14∶1）　2. 青龙白虎纹镜（M14∶6）
3. 铜镜（M14∶17）

图四九　铅饰件（M14∶23）

十　M16

M16 开口于②层下，坐北朝南，方向为190°。保存状况较差，墓道和券顶被严重破坏。

（一）墓葬形制

M16 为一座长方形砖砌单室墓，由墓道、墓门和墓室组成。皆以素面青砖砌成，墓砖规格为30×15×5厘米。

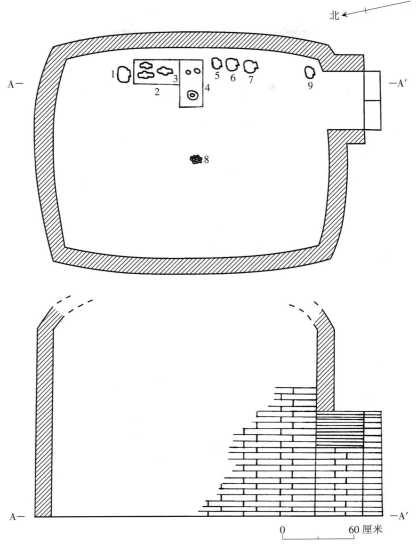

图五〇 M16 平、剖面图

1. 墓道

由于盗扰严重，墓道被破坏，故结构不详。

2. 墓门

墓门位于墓室南面正偏东。

3. 墓室

墓室平面呈长方形，直壁以上略呈弧形，四壁皆用青砖错缝平砌而成，直壁高 1.6 米，然后起券顶，券高不详，墓葬早年被盗掘，发掘时，墓券顶已不复存在，地面没有铺地砖。

（二）随葬品

该墓出土器物共 9 件（套），其中陶器 8 件，五铢钱 17 枚。

1. 陶器

陶罐 4 件。标本 M16：5，直口，方唇微外斜，鼓腹，平底。泥质灰陶，素面。口径 12.5、底径

12、高 17.5 厘米（图五一，2）。

　　陶罐　标本 M16:7，直口，方唇，鼓腹，平底。泥质灰陶。口径13、底径13、高18.5 厘米（图五一，1）。

　　陶案　标本 M16:2，长方形，四周有沿，素面。泥质灰陶，表面施以白色粉衣。长 43、宽 27.5、高 2 厘米（图五一，4）。

　　陶耳杯　3 件。标本 M16:3，呈船形，椭圆形口，较宽的两侧附有新月形耳，耳与口处于同一平面，耳下弧腹内收，底呈假圈足，素面。长 11.5、宽 8.5、高 3 厘米（图五一，3）。

　　陶灶　标本 M16:4，灶面为长方形。由灶和釜组成。灶身前壁有拱形火门。灶台上面有三个圆釜，灶面各边饰网格纹。釜上放置一甑，甑口沿残缺（图版二，1）。长 21.5、宽 16、高 8 厘米。

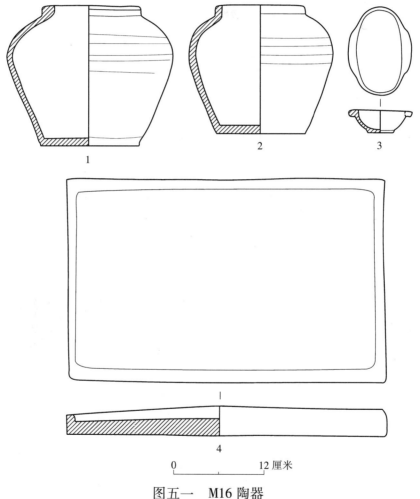

图五一　M16 陶器

1. 陶罐（M16:7）　2. 陶罐（M16:5）　3. 陶耳杯（M16:3）　4. 陶案（M16:2）

2. 铜器

五铢钱 17 枚。

十一　M18

　　M18 坐南朝北，开口于②层下，方向为 190°。墓葬保存状况不佳，墓道已遭到破坏。

（一）墓葬形制

M18 为一座砖室墓，由墓道、墓门、墓室和耳室组成（图五二）。皆以素面青砖砌成，墓砖规格为 31×15×5 厘米。

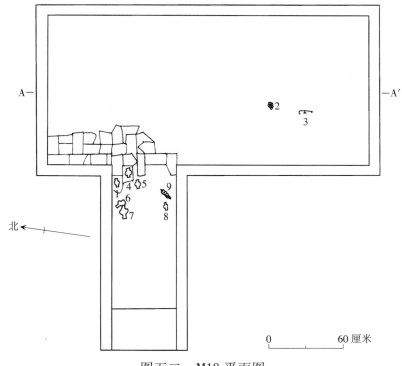

图五二　M18 平面图

1. 墓道与墓门

墓道早期被破坏，结构不详。开口距地表 3.3 米，墓底距地表 6.2 米。

2. 墓室

墓室平面呈长方形，长 4.5 米，宽 2.1 米，高 1.6 米。直壁以上略呈弧形，四壁皆用青砖错缝平砌而成，直壁高 1 米，然后起券，券筑墓顶，墓顶结构为拱券式，券高 0.6 米。墓室地面有铺地砖，为青砖不规则平铺而成（图五三）。

3. 耳室

耳室位于墓室西壁处，宽 0.9 米，高 0.9 米，深 2.6 米，为拱券形。地面有铺地砖，为青砖不规则平铺而成。

（二）人骨

人骨散乱、不全，仅存留部分骨骼。

图五三　M18 墓室

（三）随葬品

该墓出土器物共 11 件（套），其中陶器 6 件，铜器 4 件，五铢铜钱 20 余枚。出土陶器，质地皆为黑陶，器体表面打磨光亮，器物颈部及腹部均有数道装饰条纹，有的还装饰有饕餮辅首。

1. 陶器

陶壶　6 件。标本 M18：6，弧顶盖，盖上有柿蒂纹，方唇，喇叭口，口内壁为盘口，束颈，扁腹。口径 12、高 26 厘米（图五四，4）。标本 M18：8，弧顶盖，盖上有柿蒂纹，方唇，喇叭口，口内壁为盘口，束颈，扁腹。腹部有辅首纹。口径 16.5、高 41 厘米（图五四，5）。

2. 青铜器

带钩　标本 M18：3，鸭头形首，琵琶形身。长 7.5 厘米。（图五四，1）。

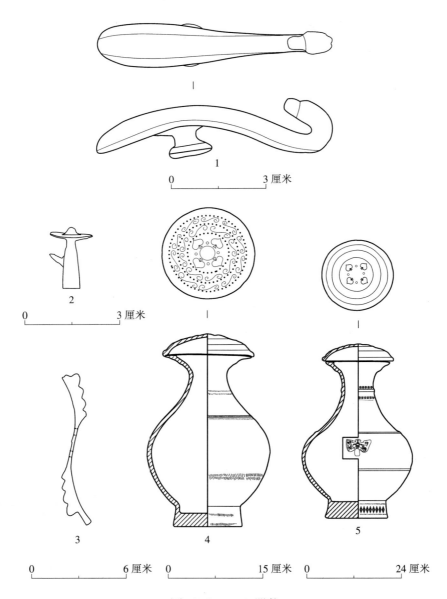

图五四　M18 器物

1. 青铜带钩（M18：3）　2. 盖弓帽（M18：9-2）　3. 马镳（M18：9-1）　4. 陶壶（M18：6）　5. 陶壶（M18：8）

马镳 标本 M18：9 - 1，镳身 S 形，两侧有花边，中部侧面有两个穿孔。长 9.5 厘米（图五四，3；彩版二，6）。

盖弓帽 标本 M18：9 - 2，圆筒形身，上有伞盖，侧有一钩。高 2.4 厘米（图五四，2；彩版二，6）。

轭首 标本 M18：9 - 3，管形帽，中空。长 2 厘米（彩版二，6）。

出土铜钱，皆为汉代五铢钱。

十二 M22

M22 位于双庙砖厂西侧、东小屋村东，其北为 M23，该墓坐北朝南，开口于②层下，方向为南偏西 195°。墓葬保存状况不佳，早期曾被盗掘破坏。

（一）墓葬结构

M22 为一带墓道砖砌双室墓，由墓道、墓门、过道、前室和后室组成。皆以素面青砖砌成，墓砖规格为 31×15×5 厘米。

1. 墓道

因早期盗掘破坏，故结构、尺寸等不详。

2. 墓门

墓门位于前室正中，因坍塌变形，故没有清理。

3. 过道

过道位于前、后墓室之间，用以连接两室。过道长 0.54 米，宽 0.84 米，高 1.1 米，为券顶结构。

4. 前室

前室平面近呈正方形，长 2.25 米，宽 2.35 米，高 2.85 米。直壁以上略呈弧形，四壁皆用青砖错缝平砌而成，直壁高 1.4 米，然后起券顶，券顶结构为盝顶式（图五五），券高 1.45 米。西半部有排列不规则的铺地砖。

5. 后室

后室平面呈南北长方形，直壁高 1.4 米，然后起券顶，券高 1.35 米，地面未铺砖（图五六）。

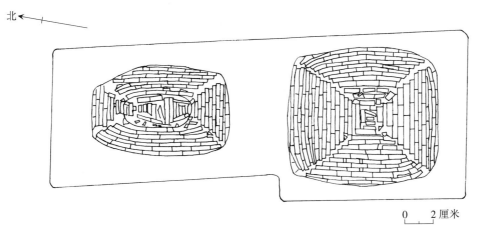

0   2 厘米

图五五 M22 墓顶视图

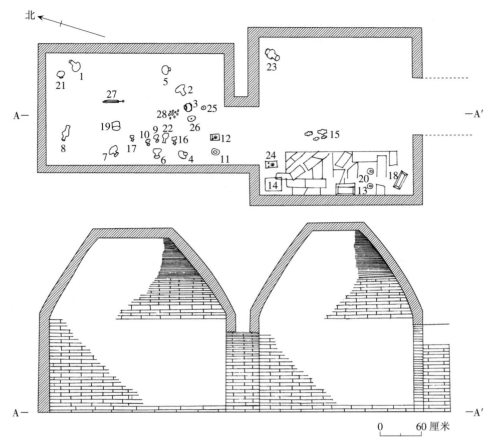

图五六　M22 平、剖面图

（二）人骨

人骨位于后室东部，因墓葬浸泡严重，骨骼散乱，故人骨的数量、头向、面向、葬式等情况不详，仅存留部分大腿骨。

（三）随葬品

该墓出土器物共 28 件（套），其中陶器 24 件，铜器 2 件，铅器 1 件，铜钱 27 枚。

1. 陶器

24 件，有壶、罐、盘、井、耳杯、奁、盒、灶 8 种。个别器物表面施一层白色化妆土，化妆土部分剥落，依稀可见彩色装饰残迹，质地为灰陶。

陶壶　2 件。标本 M22：1，直口，方唇，束颈，扁鼓腹，平底。泥质灰陶。器物表面施一层白色化妆土，化妆土部分剥落，依稀可见彩色装饰残迹。口径 12、底径 12、高 27 厘米（图五七，1）。标本 M22：2，口沿残。深盘口，方唇，束颈，扁鼓腹，平底。泥质灰陶，素面。口径 14、底径 14、高 35 厘米（图五七，3）。

折沿陶壶　标本 M22：23，器残。平折沿，方唇稍外倾。直颈，鼓腹，平底。泥质灰陶，腹部下饰线纹数周。口径 14、底径 7、高 27.5 厘米。（图五七，5）

　　陶罐　7 件。标本 M22：6，直口，方唇，圆肩，平底。泥质灰陶，肩部与腹部交接处有划纹数周。口径 12.5、底径 12、高 15 厘米（图五七，2）。标本 M22：5，器形不规整，直口，方唇，鼓腹，平底。泥质灰陶，腹部有划纹两周。口径 13、底径 8.4、高 21 厘米（图五七，4）。

　　陶瓮　2 件。标本 M22：9，盘口，方唇，鼓腹，平底。泥质灰陶，颈部有划纹数周，肩部与腹部交接处有方格纹带两周，下有凹弦纹一周。口径 20.5、底径 19、高 31 厘米（图五七，6）。标本 M22：10，形制和纹饰与 M22：9 相同，口径 29.5、高 38 厘米。

　　陶仓　标本 M22：8，器形不规整。直口，方唇，圆鼓肩，平底。泥质灰陶。口径 13、底径 11、高 19 厘米（图五八，1）。

　　陶奁　标本 M22：19，器残。圆唇，直壁，平底，下附三蹄足。筒腹上部饰凸弦纹。口径 17、支足高 2、高 11.5 厘米（图五八，2）。

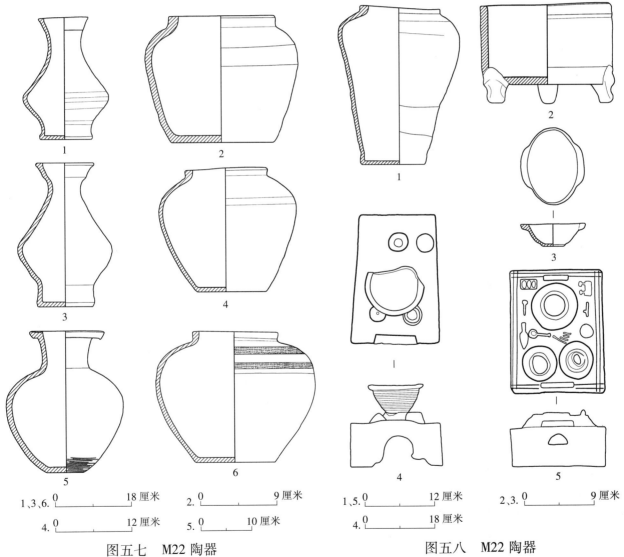

图五七　M22 陶器
1. 壶（M22：1）　2. 罐（M22：6）　3. 壶（M22：2）　4. 罐（M22：5）　5. 折沿陶壶（M22：23）　6. 瓮（M22：9）

图五八　M22 陶器
1. 仓（M22：8）　2. 奁（M22：19）　3. 耳杯（M22：15）　4. 灶（M22：12）　5. 灶（M22：24）

陶灶 标本 M22：12，器残。泥质灰陶。灶面为不规则长方形。由灶和釜组成。灶身前壁有拱形火门，已残。灶台上面有两个圆孔，上置 1 件釜，釜为平沿，弧腹，平底，釜面饰弦纹数周。灶长 22、宽 15、高 7.5 厘米（图五八，4）。

陶灶 标本 M22：24，泥质灰陶。灶面为长方形，由灶和釜组成。灶身前壁有拱形火门。灶台上面有三个甑，其中一甑内有陶勺。灶面上饰鱼、刀、勺等。灶身长 21.5、宽 16.5、高 6 厘米（图五八，5）。

陶方盒 2 件。标本 M22：13，长方体，盖上长方形内凹，泥质灰陶，素面。箧身长 32.5、宽 14.5、高 13 厘米（图五九，1）。标本 M22：18，残。长 34.5、宽 13、高 11.5 厘米。

陶案 标本 M22：14，器裂。长方形，四周有沿，素面。泥质灰陶。长 45、宽 29.5 厘米（图五九，3）。

陶耳杯 8 件，形制相同。标本 M22：15，呈船形，椭圆形口，较宽的两侧附有新月形耳，耳与口处于同一平面，耳下弧腹内收，底呈假圈足，素面。长 13、宽 8.5、高 3 厘米（图五八，3）。

陶井 2 件。标本 M22：16，器残。井栏与井筒合为一体，平底，筒腹束腰。井架上有井亭，高 23 厘米（图五九，2）。标本 M22：17，残，残高 6 厘米。

陶盘 2 件。标本 M22：20，泥质灰陶，宽沿，沿面内凹，弧腹，平底。口径 22、高 4 厘米。

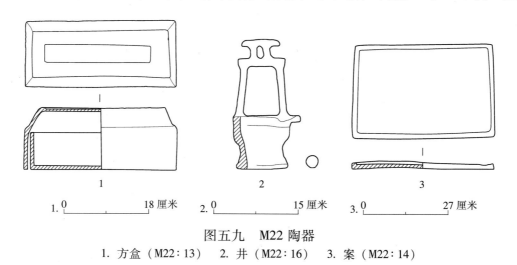

1.　0 　　　　　　　 18 厘米　　2.　0 　　　　　　 15 厘米　　3.　0 　　　　　　　 27 厘米

图五九　M22 陶器

1. 方盒（M22：13）　2. 井（M22：16）　3. 案（M22：14）

釉陶盘 标本 M22：11，紫红胎，内外壁有青釉，外底无釉。宽平沿，折腹，平底。口径 33、高 7.3 厘米（彩版三，1）。

铜镜 标本 M22：26，铜镜平面呈凸形，球形镜纽，有绿锈斑，腐蚀严重。直径 7.7 厘米（彩版三，3）。

铅镜 标本 M22：25，碎裂严重。纹饰是 4 个圆圈，圆圈内有 4 个短线构成"十"字分区，每区内有 1 个乳突。圆圈之间有阳线图案。直径 6 厘米（彩版三，4）．

铜剑 标本 M22：27，圆角方形环首，短柄，无格，棱脊。长 47.5 厘米（彩版三，2）。

十三　M23

M23 位于双庙砖厂西侧、东小屋村东，其南为 M22、北为 M39，该墓坐南朝北，开口于②层下，方向为南偏西 190°。墓葬保存状况不佳，曾被盗掘。

（一）墓葬形制

M23 为一座带墓道双耳室砖砌双室墓，由墓道、墓门、过道、前室、后室和东、西耳室组成。皆以素面青砖砌成，墓砖规格为 34×17×6 厘米。

1. 墓道

墓道位于前室正中，因被盗掘破坏严重，故墓道形制不详。

2. 墓门

墓门位于墓室北面，为券顶结构，由双层竖砖砌成。

3. 过道

位于前室和后室之间，用以连接前、后墓室。过道长 1 米，宽 1 米，高 1.1 米，为券顶结构。

4. 前室

前室平面呈方形，长 2.46 米，宽 2.45 米，高 3.7 米。直壁以上略呈弧形，四壁皆用青砖"二平一竖"式叠压垒砌，壁高 1.8 米，然后用单砖叠压平砌开始起券筑墓顶，墓顶结构为穹窿式，券高 1.8 米（图六〇，图六二）。前室地面铺有呈"人"字形的地砖。

图六〇　M23 墓顶

5. 后室

后室平面也近似正方形，长 2.5 米，宽 2.4 米，高 3.6 米。其他结构与前室基本一致。后室地面也铺有地砖，形状不规则。

6. 东、西耳室

东、西耳室位于前室靠北的东、西两侧，两耳室尺寸一致：长 0.74 米，宽 0.94 米，高 1 米。均为券顶结构（图六一，图六三）。

（二）人骨

后室有人骨两具，男女各一。人骨散乱，头骨不全，面向上，仅存留部分骨骼。

（三）随葬品

墓葬被盗扰严重，一部分器物发现于填土中，一部分器物位于墓底（图六四）。

出土遗物共 28 件（套），包括陶器、铜器、铁器等几类，其中陶器 16 件，铜器 9 件，铁器 2 件，另出土铜钱 36 枚。

陶器主要有盘、井、耳杯、甑、瓮、罐、奁、壶、盒、尊等，陶器均为素面，多在肩、腹以旋纹装饰。铜器主要有铜镜 3 个、铜环首刀 1 把、铜带钩 2 个、铜饰件 1 个、铜泡钉 1 个、铜刀鞘 1 个，铜环首刀单面开锋，厚脊薄刃，直脊直刃，刀柄首呈圆环形。铜镜平面呈凸形，为几何纹饰，青铜质地，

1

2

3

4

图六一　M23 墓室

1. 墓门与过道　2. 耳室与前后室的门　3. 前室后部　4. 耳室

北

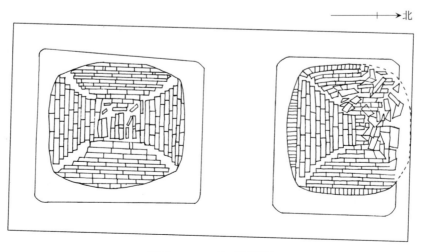

图六二　M23 墓顶图

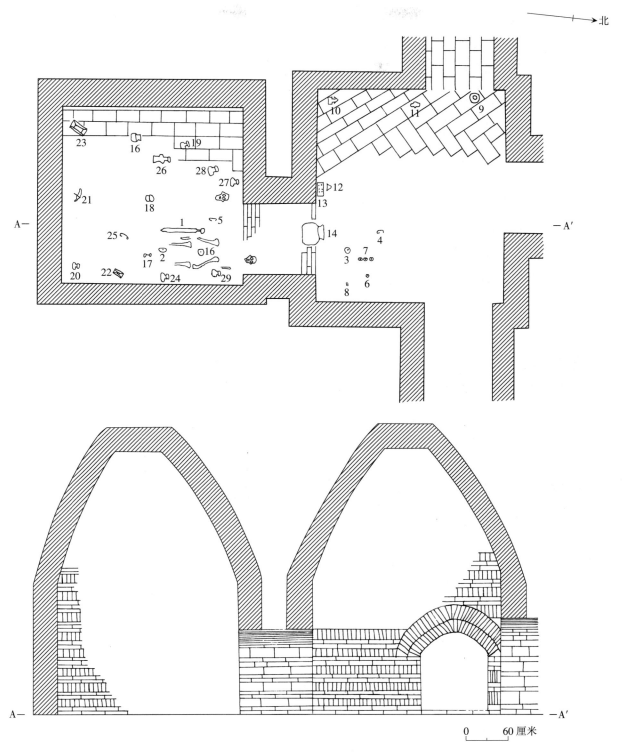

图六三　M23 平、剖面图

球形镜纽，带孔，镜面抛光非常好。铜带钩较完整，带绿绣斑，腐蚀严重。铁器有铁灯和铁带钩。铅器初步判断为女性头饰，质地非常柔软。铜钱均为汉代五铢钱。

1. 陶器

16 件，有盘、井、耳杯、甑、瓮、罐、奁、壶、盒、尊 10 种。

1

2

图六四 M23 器物出土状态
1. 前室中的器物 2. 过道墓底的器物

　　陶瓮　标本 M23：15，直口，方唇，敞口，直颈稍外倾，鼓肩，平底。泥质灰陶，肩部与腹部交接处饰方格纹一周。口径 20、底径 25、高 34.5 厘米（图六五，1）。

　　陶长颈壶　标本 M23：26，直口，方唇，长颈，扁鼓腹，假圈足。泥质灰陶，肩部有一对辅首衔环纹饰。口径 15.7、底径 15、高 41 厘米（图六五，2）。

　　陶罐　4 件。标本 M23：28，敛口，方唇内斜，鼓腹，平底。泥质灰陶，素面。口径 12.7、底径 11.5、高 19 厘米（图六五，3）。

　　陶盘　标本 M23：9，折沿，浅折腹，平底。泥质灰陶，盘内中腹部有一周凸棱。口径 21.5、底径 13、高 3.6 厘米（图六五，4）。

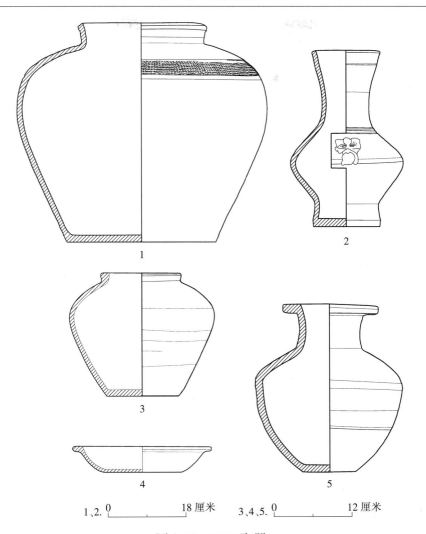

1、2.　0 _____ 18厘米　　3、4、5. 0 _____ 12厘米

图六五　M23 陶器

1. 瓮（M23∶15）　2. 长颈壶（M23∶26）　3. 罐（M23∶28）4. 盘（M23∶9）5. 折沿壶（M23∶24）

　　陶折沿壶　标本 M23∶24，折沿，方唇，颈直稍外倾。鼓肩，平底。泥质灰陶，唇部饰线纹一周。口径15、底径8、高26厘米（图六五，5）。

　　陶井　标本 M23∶10，栏与井筒合为一体，井筒筒腹平底。井架上有井亭。泥质灰陶。口径、底径、高20.5厘米（图六六，1）。

　　陶耳杯　标本 M23∶11，呈船形，椭圆形口，较宽的两侧附有新月形耳，耳与口处于同一平面，耳下弧腹内收，底呈假圈足，素面。长11.5、宽7.6、高4厘米（图六六，2）。

　　陶奁　标本 M23∶18，器形不规整，通体呈筒状，直口，圆唇，斜直腹，平底，蹄形三足。器表上部有凹弦纹两周。泥质灰陶。口径17.5、支足高2.4、高10.5厘米（图六六，3）。

　　陶方盒　2件，标本 M23∶23，器残。长方体，器盖四角各有一个小乳钉。长35.5、宽16、高14厘米（图六六，4）。标本 M23∶22

　　陶仓　标本 M23∶27，直口，方唇，短粗颈，长扁腹，平底。腹部下方饰凹弦纹。口径12、底径10、高21.5厘米（图六六，5）。

　　陶甑　标本 M23∶12，口径9.5、高4.5厘米。

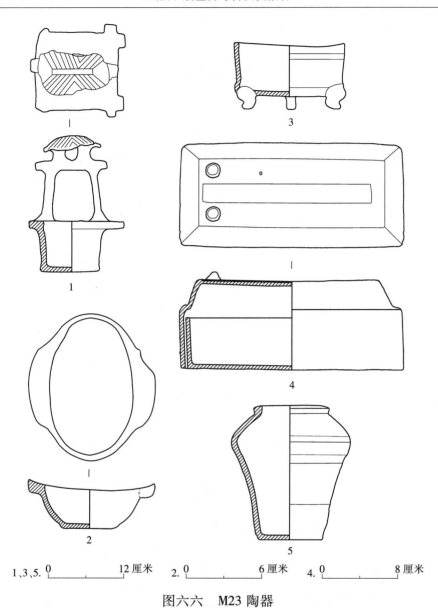

1、3、5. 0 ⊢⊢⊢⊢⊢ 12 厘米   2. 0 ⊢⊢⊢ 6 厘米   4. 0 ⊢⊢⊢ 8 厘米

图六六　M23 陶器

1. 井（M23：10）2. 耳杯（M23：11）3. 奁（M23：18）4. 方盒（M23：23）5. 仓（M23：27）

2. 铜器

铜镜　标本 M23：2，直径 10 厘米（图六七，1）。

铜镜　标本 M23：3，直径 7 厘米（图六七，3）。

铜镜　标本 M23：16，直径 6.9 厘米（彩版四，2）。

铜带钩　标本 M23：4，钩首扁状，钩后部接近身处平伸两对称翅，身为梯形，面上有浮雕纹饰。长 10 厘米（彩版四，5）。

图六七　铜镜拓片

1. M23：2　2. M23：3

铜带钩　标本 M23：5，鸭嘴形钩，圆泡形身，素面。长 4.5 厘米（彩版五，2）。

铜泡钉　标本 M23：6，圆泡。直径 2.5 厘米。

铜钱（36 枚）　标本 M23：7，五铢钱，直径 2.8 厘米。

铜刀鞘　标本 M23：8，宽 3 厘米。

铜饰件　标本 M23：13，表面有镂空纹饰。残长 13.5、宽 4 厘米（彩版四，3）。

3. 铁器

铁灯　标本 M23：17，豆形灯，直口灯盘，细高柄，喇叭座。高 21.1 厘米（彩版四，1）。

带钩　标本 M23：25，S 形，素面。长 9 厘米（彩版五，1）。

4. 铅器

马衔镳　标本 M23：21，冥器，马镳主体为 S 形，上下两段呈扁片状，上有镂孔装饰，马衔双节式，马镳长 8 厘米。（彩版五，5）。

当卢　M23：31，冥器，长体花形，镂空纹饰（彩版五，5）。

十四　M24

M24 位于双庙砖厂西侧、东小屋村东，其北为 M32、偏西为 M25。墓葬开口于②层下，方向为南偏西 190°。保存状况不佳，墓道和墓门已被严重破坏。

（一）墓葬形制

M24 为一座长方形砖砌单室墓，由墓道、墓门、墓室、耳室组成（图六八，图七○）。皆以素面青砖砌成，墓砖规格为 32×16×5 厘米。

图六八　M24 墓顶与北端盗洞

1. 墓道

墓道位于墓室北面正中，因被砖厂取土过程中破坏，故结构不详。

2. 墓门

由于破坏严重，墓门已不复存在，没有发现封门砖。

3. 墓室

墓室平面呈南北向长方形，直壁以上略呈弧形，四壁皆用青砖错缝平砌而成，四壁在砌至1.9米时，用单砖叠压平砌开始起券，券筑墓顶，墓顶结构为穹隆式，券高0.9米。墓室的西北角残存部分铺地砖，为错缝平铺而成。

4. 耳室

耳室位于墓室东北侧，距北壁约0.5米，为砖券结构（图六九）。

图六九　M24耳室

（二）人骨

人骨两具，因该墓被盗，人骨散乱，仅存留部分骨骼，故头向、面向、葬式等不明。

（三）随葬品

该墓出土遗物共16件（套），主要有陶器、铜器、铅器等几类，其中陶器13件，铜器1件，铅器1件。另出土铜钱18枚。

1. 陶器

13件。有陶罐、陶壶、陶井、陶盒、陶灶、陶奁、陶耳杯7种。

陶罐　6件。标本M24：5，盘口，圆唇，鼓腹，平底。泥质灰陶，肩部与腹部交接处饰凹弦纹一周。口径11.5、底径10.8、高17厘米（图七二，2）。标本M24：16，直口，方唇，鼓腹，平底。泥质灰陶，肩部与腹部交接处饰凹弦纹两周。口径14.2、底径15、高22厘米（图七二，4）。标本M24：7，

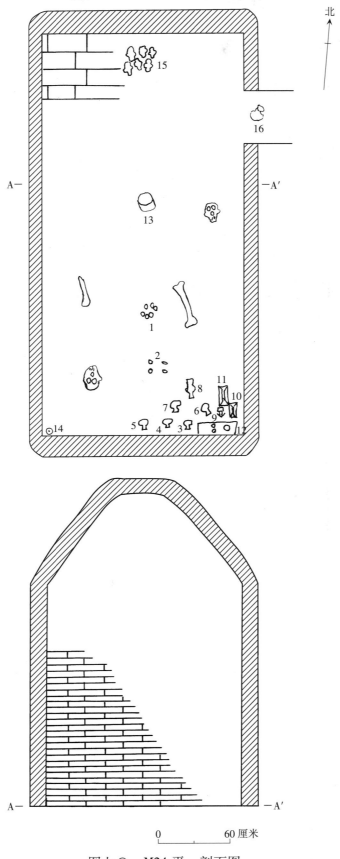

图七〇 M24 平、剖面图

图七一

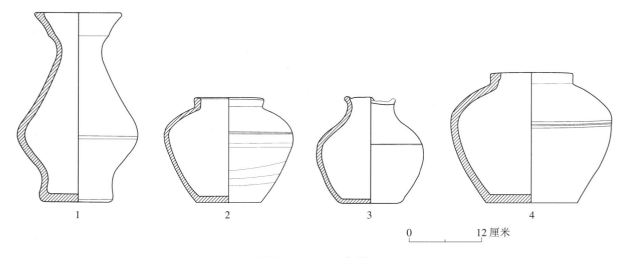

图七二　M24 陶器
1. 长颈壶（M24：8）　　2. 罐（M24：5）　　3. 罐（M24：7）　　4. 罐（M24：16）

口沿残。鼓腹，平底。腹部饰弦纹一周。底径 11、残高 18 厘米（图七二，3）。

　　陶长颈壶　标本 M24：8，口沿残。杯形口，方唇，束颈，扁鼓腹，平底。泥质灰陶，腹部饰纹一周。口径 14、底径 12.5、高 31.5 厘米（图七二，1）。

　　陶灶　标本 M24：12，泥质灰陶。灶面为长方形。由灶和釜组成。灶身前壁有拱形火门。灶台上面有两个圆孔，上置 1 件釜，釜为平沿，弧腹，平底，釜面饰弦纹数周。灶长 23、宽 17.5、高 7.5 厘米（图七三，1）。

　　陶耳杯　6 件，标本 M24：15，呈船形，椭圆形口，较宽的两侧附有新月形耳，耳与口处于同一平面，耳下弧腹内收，底呈假圈足，素面。长 13.5、宽 8.5、高 3.6 厘米（图七三，2）。

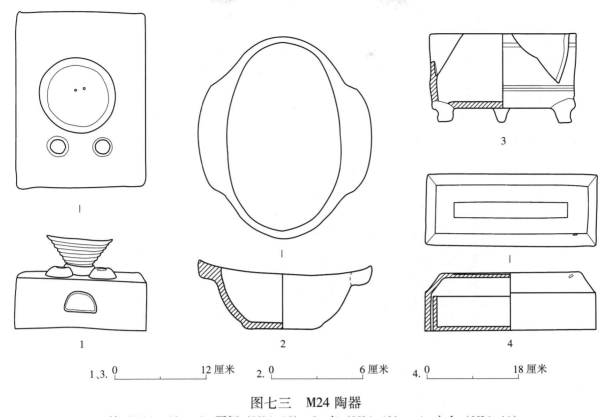

图七三　M24 陶器

1. 灶（M24：12）　　2. 耳杯（M24：15）　　3. 奁（M24：13）　　4. 方盒（M24：11）

陶奁　标本 M24：13，器残。圆唇，直壁，平底，下附三蹄足。筒腹上部饰凸弦纹一周，筒腹下部饰凹弦纹一周。口径 20.3、支足高 2.4、高 11.5 厘米（图七三，3）。

陶方盒　2 件。标本 M24：11，长方体，盖上长方形内凹，泥质灰陶，素面。箅身长 33.5、宽 13.6、高 12 厘米（图七三，4）。

2. 铜器

铜钱　18 枚。标本 M24：1，五铢钱。

铜泡钉　4 件。标本 M24：2，直径 2.2 厘米。

3. 铅器

铅镜　标本 M24：14，直径 7.6 厘米。

十五　M25

M25 位于双庙砖厂西侧、东小屋村东，其东南为 M24，该墓坐南朝北，开口于②层下，方向为南偏西 190°。该墓保存状况不佳，墓道、墓门和墓顶均遭到不同程度的破坏。

（一）墓葬结构

M25 为一座带墓道的近正方形砖砌单室墓，由墓道、墓门和墓室组成。皆以素面青砖砌成，墓砖规格为 32×15×5 厘米。

1. 墓道

墓道位于墓室北面正中，盗扰严重，墓道被破坏，故结构不详。

2. 墓门

墓门位于墓室北面正中，没有封门砖。

3. 墓室

墓室平面近正方形，长2.2米，宽2米，直壁以上略呈弧形，四壁皆用青砖错缝平砌而成，直壁高2米，然后起券顶，券高不详。没有铺地砖。

图七四　M25 墓室

图七五　M25 墓室出土器物状态

图七六　M25 耳室陶瓮

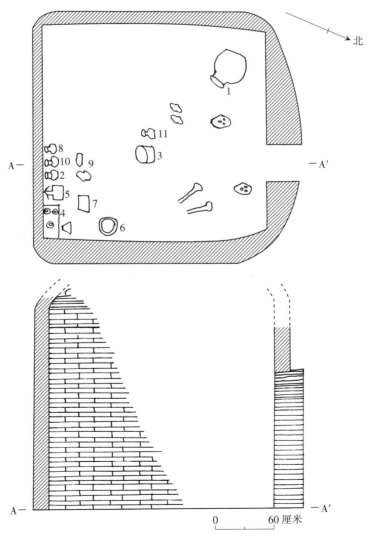

图七七　M25 平、剖面图

（二）人骨

人骨两具，因该墓被盗，人骨散乱，仅存留部分骨骼，故头向、面向、葬式等不明。

（三）随葬品

陶器

14 件。有陶罐、陶奁、陶灶、陶井、陶盘、陶耳杯 6 种。

陶奁　标本 M25：3，直筒形，有两周凹弦纹。三矮足。口径 20.3、高 9.5 厘米（图七八，1）。

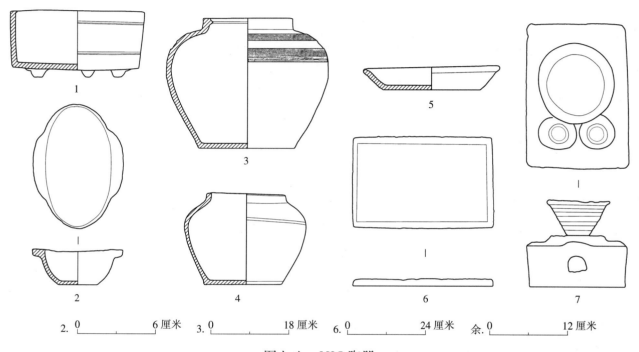

2. ├0────────6 厘米┤　3. ├0───────18 厘米┤　6. ├0────────24 厘米┤　余. ├0────12 厘米┤

图七八　M25 陶器

1. 奁（M25：3）　2. 耳杯（M25：9）　3. 瓮（M25：1）　4. 罐（M25：10）　5. 盘（M25：6）　6. 案（M25：7）　7. 灶（M25：4）

陶耳杯　6 件。标本 M25：9，呈船形，椭圆形口，较宽的两侧附有新月形耳，耳与口处于同一平面，耳下弧腹内收，底呈假圈足，素面。长 11.4、高 2.7 厘米（图七八，2）。

陶灶　标本 M25：4，泥质灰陶。灶面为长方形。由灶和釜组成。灶身前壁有拱形火门。灶台上面有两个圆孔，上置 1 件釜，釜为平沿，弧腹，平底，釜面饰弦纹数周。灶长 21、宽 15、高 6.6 厘米（图七八，7）。

陶瓮　标本 M25：1，直口，鼓肩，平底。泥质灰陶，肩部有 2 条方格纹带。口径 20.5、高 30 厘米（图七八，3）。

陶罐　4 件，标本 M25：10，直口，方唇，鼓肩，平底。泥质灰陶，肩部与腹部交接处饰凹弦纹。口径 11.7、高 13.7 厘米（图七八，4）。

陶盘　标本 M25：6，斜直壁，平底。口径 20.5、高 3.5 厘米（图七八，5）。

陶方案　标本 M25：7，长方形，矮边墙。长 43.3、宽 28 厘米（图七八，6）。

陶井　标本 M25:5，井栏与井筒合为一体，平底，筒腹束腰。井架上有井亭。顶为四面坡形。高 19.6 厘米（图七九）。

十六　M26

M26 位于双庙砖厂西侧、东小屋村东，该墓坐北朝南，开口于②层下，方向为 195°。墓葬保存状况不佳，墓道、墓门、前室墓顶及东壁部分遭到不同程度的破坏。

（一）墓葬结构

M26 为一座带墓道砖砌双室墓，由墓道、墓门、过道、前室、后室和耳室组成（图八〇）。皆以绳纹青砖砌成，墓砖规格为 30×15×5 厘米。

1. 墓道

因早期被破坏，墓道荡然无存，故结构不详。

2. 墓门

因早期被破坏，故墓门结构不详（图八一）。

3. 过道

过道位于前、后室之间，用以连接两室。过道长 0.7 米，宽 0.85 米，高 1.35 米，为拱券形（图八二）。

4. 前室

前室平面呈正方形，长 2.6 米，宽 2.6 米，高度不详，顶部结构不详。墓室地面有铺地砖，为青砖平铺而成，在前室西部设有棺床，棺床长 2.6 米，宽 0.9 米，高 0.15 米。

5. 后室

后室平面呈正方形，长 3.1 米，宽 3.1 米，高 4 米。直壁以上略呈弧形，四壁皆用青砖错缝平砌而成，直壁高 1.7 米，然后起券，券筑墓顶，墓顶结构为轿顶形。墓底平铺青砖。

（二）随葬品

该墓出土器物 7 件，其中陶器 4 件，铜器 2 件，另出土象牙簪 1 件。出土陶器，质地皆为灰陶（除陶井外），出土陶盘，陶井为釉陶井。出土的铜镜和象牙簪皆器形修长、制作精美，为难得的精品。

图七九　M25 陶井
（M25:5）

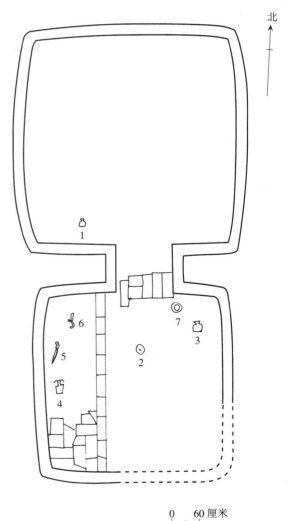

0 ⎯⎯ 60 厘米

图八〇　M26 平面图

图八一　M26 墓门被盗洞破坏掉

图八二　M26 墓后室门

出土遗物

出土遗物共 7 件。包括陶器、铜器等几类，其中陶器 4 件，铜器 2 件，另出土象牙簪 1 件。

1. 陶器

4 件，有陶罐、陶盘、陶井 3 种。

陶罐　标本 M26：1，盘口，方唇，鼓腹，平底。泥质灰陶，腹部饰旋纹一周。口径 13、底径 12.5、高 28 厘米（图八三，1）。

陶罐　标本 M26：6，直口，方唇，鼓腹，平底。泥质灰陶，素面。口径 11、底径 10、高 17 厘米（图八三，2）。

陶盘　标本 M26：8，圆形，敞口，圆唇，宽折平沿，折腹，腹较浅，大平底，素面，盘内有朱砂一圈。口径 19、底径 13、高 3 厘米（（图八三，3；彩版六，4）。

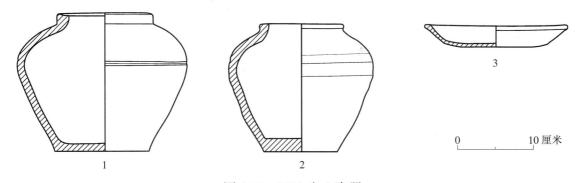

图八三　M26 出土陶器

1. 陶罐（M26：1）2. 陶罐（M26：6）3. 陶盘（M26：8）

釉陶井　标本 M26：3，井架顶为四面坡形，井身圆桶形，表面施绿釉，釉色光亮。底径 10.5 厘米（彩版六，1）。

2. 铜器

铜镜　标本 M26：2，直径 10.5 厘米（彩版六，2）。

带钩　标本 M26：5，钩首似龙头，长 11.5 厘米（彩版六，5）。

3. 象牙器

象牙簪　标本 M26：4，镂空花形柄，柄头有穿孔 1 个，颈部有弦纹。直径 20 厘米（彩版六，3）

十七　M27

M27 位于双庙砖厂西侧、东小屋村东，该墓坐北朝南，开口于②层下，方向为 190°。墓葬保存状况不佳，墓道遭到严重破坏，且早年曾遭盗掘。

（一）墓葬形制

M27 为一座带墓道砖砌单室墓，由墓道、墓门、墓室和耳室组成（图八四，图八五）。皆以素面青砖砌成，墓砖规格为 32×15×5 厘米。

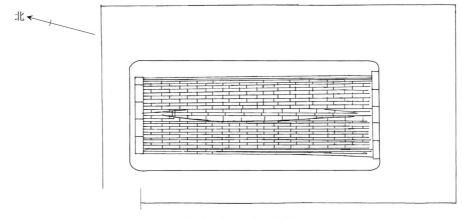

图八四　M27 墓顶

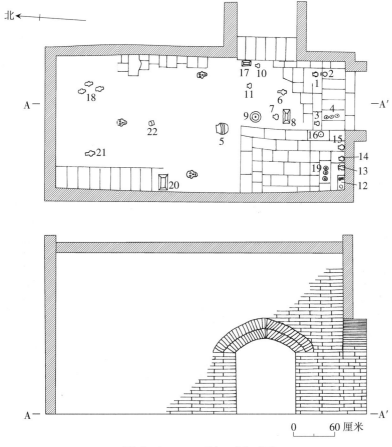

图八五　M27 平、剖面图

1. 墓道

墓道因早期遭到毁灭性破坏，故结构不详。

2. 墓门

墓门位于墓室南壁东侧，宽 0.9 米，残高 1.2 米（图八六）。

图八六　M27 墓门与棺床

3. 墓室

墓室平面呈长方形，直壁以上略呈弧形，四壁皆用青砖错缝平砌而成，直壁高 1.8 米，然后起券，券筑墓顶，墓顶结构为拱券式，券高 0.7 米。墓室地面有铺地砖，为青砖平铺而成，在墓室西南部和西北部各有一棺床。西南部棺床长 1.3 米，宽 0.9 米，高 0.1 米；

西北部棺床长 1.4 米，宽 0.3 米，高 0.1 米（图八七）。

4. 耳室

耳室位于墓室东壁偏南，宽 0.9 米，残高 1.1 米，进深 0.6 米（图八八）。

图八七　M27 东壁

图八八　M27 耳室

（二）人骨

三具，在墓室西南、西北，仰身直肢，人骨散乱、不全，仅存留部分骨骼。

（三）随葬品

1. 出土遗物

出土遗物共 22 件（套），包括陶器、铜器等几类，其中陶器 19 件，铜器 2 件，另出土五铢铜钱 10 余枚。

陶器　19 件。有陶罐、陶瓮、陶灶、陶井、陶耳杯、陶盘、陶盒、陶壶、陶奁 9 种。

陶罐　8 件。标本 M27：1，直口，方唇，鼓肩，平底。口径 14、底径 14、高 20.5 厘米（图八九，1），表面涂白灰。标本 M27：2，直口，方唇，鼓肩，平底。泥质灰陶，腹部饰旋纹两周。口径 12、底径 12.5、高 19 厘米（图八九，3）。

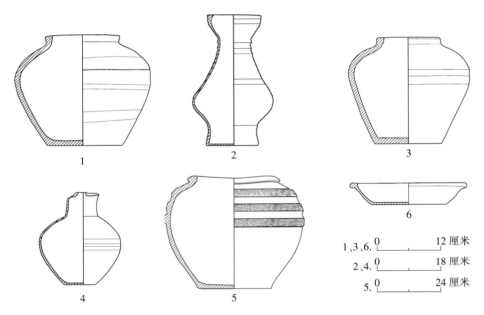

图八九　M27 陶器

1. 罐（M27：1）2. 长颈壶（M27：21）3. 罐（M27：2）4. 壶（M27：10）5. 瓮（M27：5）6. 盘（M27：19）

陶瓮　标本 M27：5，器形不规整。盘口，方唇，鼓腹，平底。泥质灰陶，颈部有划纹数周，肩部与腹部交接处有凸方格纹带三周。口径 35.5、底径 24、高 41.5 厘米（图八九，5；图九一，2）。

陶长颈壶　标本 M27：21，钵形口，窄折沿，垂腹，平底。沿下和颈、肩部位有凸弦纹。口径 15.5、高 36. 厘米（图八九，2）。

陶壶　标本 M27：10，口残。长颈，鼓腹。泥质灰陶，素面，表面涂白灰。底径 6、残高 26.5 厘米（图八九，4）。

陶盘　3 件。标本 M27：19，圆形，方唇外斜，宽折平沿，折腹，腹较浅，大平底，素面。口径 21、底径 13.5、高 4 厘米（图八九，6）。

陶耳杯　3 件。标本 M27：18，器形不规整，呈船形，椭圆形口，较宽的两侧附有新月形耳，耳与口处于同一平面，耳下弧腹内收，平底假圈足，素面。长 10.5、宽 6、高 3 厘米（图九〇，3）。

陶方盒　3 件。标本 M27：20，长方体，器盖三角各有一个小乳钉，一角无小乳钉，器表有白灰。器身长 35、宽 15.5、高 13.5 厘米（图九〇，5；图九一，3）。

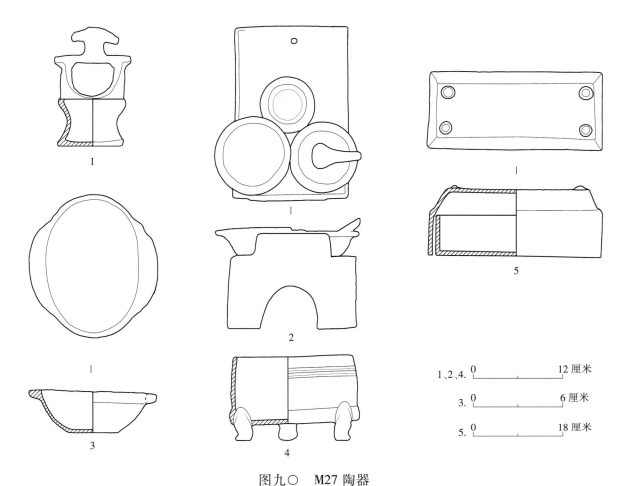

图九〇 M27 陶器

1. 井（M27：13） 2. 灶（M4：12） 3. 耳杯（M27：18） 4. 奁（M4：3） 5. 方盒（M27：20）

陶奁 标本 M4：3，器形不规整，通体呈筒状，直口，方唇，直腹，平底，蹄形三足。器表上部有两周凹弦纹，涂白灰。口径 18、支足高 2.4、高 11.5 厘米（图九〇，4）。

陶井 标本 M27：13，井栏与井筒合为一体，平底，筒腹束腰。井架上有井亭。高 16 厘米（图九〇，1；图九一，1）。

图九一 M27 陶器

1. 井（M27：13） 2. 瓮（M27：5） 3. 方盒（M27：20）

陶灶 标本 M4：12，器残。泥质灰陶。灶面为长方形。由灶和釜组成。灶身前壁有拱形火门，已残。灶台上面有两个圆孔，上置 2 件釜，釜为平沿，弧腹，平底。灶长 26、宽 17、高 9.5 厘米（图九〇，2）。

2. 铜器

铜镜 2 件。标本 M27：9，直径 18 厘米（图九二，1、2）。标本 M27：16，残，直径 9 厘米（图九二，3）。

铜钱 14 枚，均匀五铢钱。

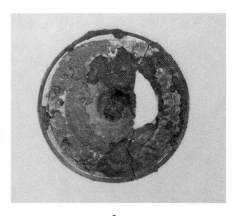

1   2   3

图九二　M27 铜镜
1、2. M27：9　3. M27：16

十八　M28

M28 位于双庙砖厂西侧、东小屋村东，该墓坐北朝南，开口于②层下，方向为 190°。墓葬保存较完好，未被盗掘。

（一）墓葬结构

M28 为一座带墓道砖砌双室墓，由墓道、墓门、过道、前室、后室和耳室组成（图九三）。

1. 墓道

墓道未发掘，所以结构不详。

2. 墓门

拱形门。

3. 过道

位于前室和后室之间，用以连接两室。过道宽 0.95 米，高 1.2 米，为双层拱券结构。

4. 前室

前室平面呈方形，长和宽均为 2.5 米。直壁以上略呈弧形，四壁皆用青砖错缝平砌而成，直壁高 1.8 米，然后起券，券筑墓顶，墓顶结构为拱券式，券高 1.2 米。地面有铺地砖，为青砖不规则平铺而成（图九四）。

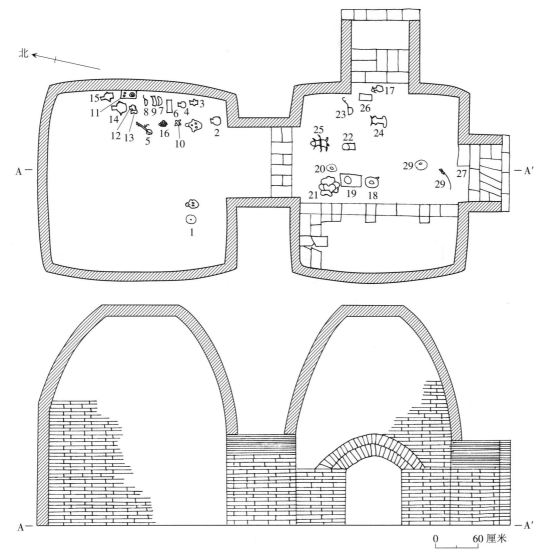

图九三　M28 平、剖面图

5. 后室

后室与前室的尺寸和构造大致相同。

6. 耳室

耳室位于前室东壁偏南，宽 0.8 米，高 1 米，进深 1 米（图九四）。

（二）人骨

后室东、西两侧发现两具人骨。人骨散乱、不全，仅存留头骨。头向南。

（三）随葬品

出土遗物

出土遗物共 30 件（套），包括陶器、铜器等几类，其中陶器 22 件，铜器 4 件，铅器、铁器、骨器各一件，另出土 20 余枚五铢钱。

1

2

图九四　M28 前室与耳室
1. 前室　2. 耳室

1. 陶器

22 件。有陶瓮、陶罐、陶魁、陶壶、陶井、陶灶、陶盘、陶耳杯、陶奁、陶勺、陶灯、陶方盒、陶方案 13 种。

陶瓮　1 件。标本 M28∶2，盘口，方唇，鼓腹，平底。泥质灰陶，上腹部有方格纹带两周，折角线纹一周。口径 33、底径 25、高 44.5 厘米（图九五，3）。

陶罐　4 件。标本 M28∶14，直口，方唇，鼓腹，平底。泥质灰陶，腹部饰旋纹数周。口径 12、底径 9、高 17 厘米（图九五，2）。标本 M28∶13，变形较大。长 28、宽 21、高 12 厘米（图九五，1）。

釉陶壶　2 件。标本 M28∶15，盘口，方唇，束颈，扁鼓腹，假圈足。质地为红陶，通体施深绿釉，颜色鲜艳。肩部饰凹弦纹两周，腹部饰旋纹数周。口径 13.5、底径 12、高 34 厘米（图九五，4；彩版八，4）。标本 M28∶4，直口，方唇，长颈，扁鼓腹，平底。通体施深绿釉。肩部饰凸弦纹两周，腹部饰弦纹。口径 13.5、底径 12.5、高 34 厘米（图九五，5）。

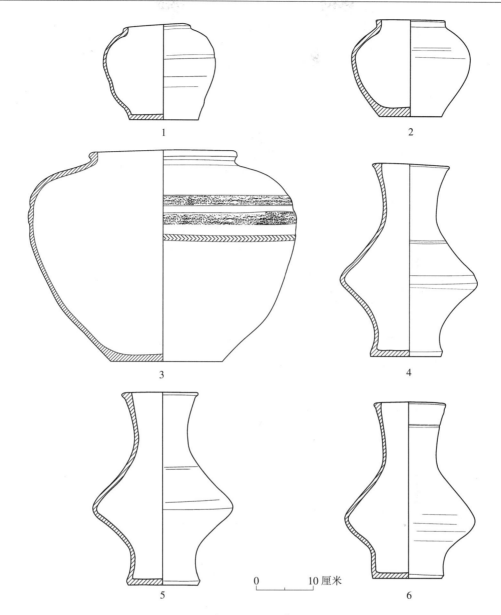

图九五　M28 陶器

1. 罐（M28∶13）　2. 罐（M28∶14）　3. 瓮（M28∶2）　4. 釉陶壶（M28∶15）　5. 釉陶壶（M28∶4）　6. 壶（M28∶16）

陶壶　标本 M28∶16，直口，方唇，长颈，鼓腹，假圈足。泥质灰陶，颈部饰凹弦纹两周，腹部及以下饰旋纹数周，表面有白灰。口径 12.5、底径 13、高 30.5 厘米（图九五，6）。

陶魁　2 件，标本 M28∶7，口部形状近似圆角长方形，方唇，斜壁下弧收，椭圆形假圈足，器身一侧上方附一柄，素面。外有一周宽带凸起，柄上翘呈拱形，器内涂有朱砂。口长 20、宽约 13.5、底长 10.4、宽 8.5、通高 8.5 厘米（图九六，1；彩版七，7）。

陶魁　标本 M28∶9，口残，口部形状近似圆角长方形，方唇，斜壁下弧收，椭圆形假圈足，器身一侧上方附一柄，素面。外有一周宽带凸起，柄上翘呈拱形，器内涂有朱砂。口长 15.5、宽约 13、底长 10.4、宽 8.5、通高 6.5 厘米（图九六，3；彩版七，8）。

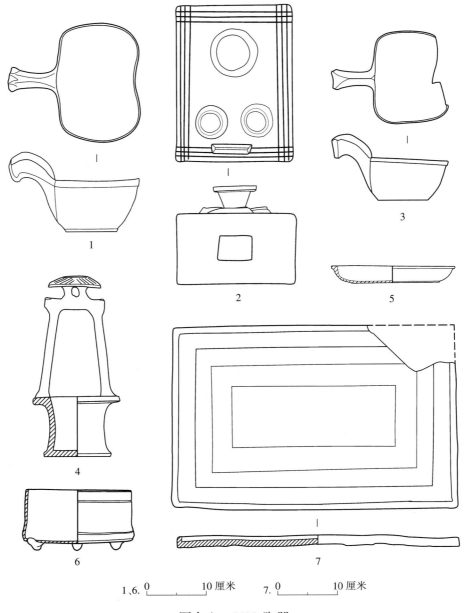

1、6. 0 ⌐——⌐ 10厘米　　7. 0 ⌐——⌐ 10厘米

图九六　M28 陶器

1. 魁（M28：7）　2. 灶（M28：11）　3. 魁（M28：9）　4. 井（M28：17）　5. 盘（M28：20）　6. 奁（M28：22）　7. 案（M28：27）

　　陶灶　标本 M28：11，平面为长方形，有三个灶眼，模制。三个灶眼均与釜相连，前部并列两个小釜，后部有一大釜，釜上置有甑。灶门呈方形，灶面上各边饰三条凸弦纹。甑为平折沿，敞口，方唇，斜直腹。长 28，宽 21，高 12 厘米（图九六，2）。

　　陶井　标本 M28：17，井栏残，由井筒和井栏两部分组成。井筒为筒腹束腰，平底，井栏作"井"字形置于井筒上。井筒口径?、底径 11、高 30.5 厘米（图九六，4）。

　　陶盘　标本 M28：20，折沿，浅折腹，平底。泥质灰陶，盘内涂朱砂。口径 21、底径 10、高 3 厘米（图九六，5；彩版七，2）。

　　陶奁　标本 M28：22，通体呈筒状，直口，圆唇，直腹，平底，蹄形三足。器表上部有一周凹弦纹，下部有一周凹弦纹。泥质灰陶，器内涂朱砂。口径 18、底径 19、足高 1.3、高 10 厘米（图九六，6；彩版七，5）。

陶勺 标本 M28：23，桃形勺，长柄。直口，圆唇。泥质灰陶，器内涂朱砂。长 12.5 厘米（彩版七，4）。

陶灯 标本 M28：24，盘直口，浅腹。高柄，喇叭座。泥质灰陶。口径 12.5、底径 9.5、高 18 厘米。

陶方盒 标本 M28：26，泥质灰陶，表面有白灰。长 29.5、宽 10.5、高 8 厘米。

陶耳杯 6 件。椭圆形，双耳。内部涂有朱砂。标本 M28：21，长 11.5、宽 3.5 厘米（彩版七，1）。

陶案 标本 M28：27，长方形，矮边。内部涂有朱砂。长 55、宽 35.5 厘米（图九六，7；彩版七，3）。

2. 铜器

铜锅 标本 M28：19，折沿，深腹，圜底，中腹有一周。直径 18.5、高 7 厘米（彩版八，5）。

铜熨斗 标本 M28：5，折沿，浅腹，平底。长柄，柄端为兽头，独角后弯，张嘴露齿，颌下有一根长须。长 33 厘米（图九七，1；彩版八，2）。

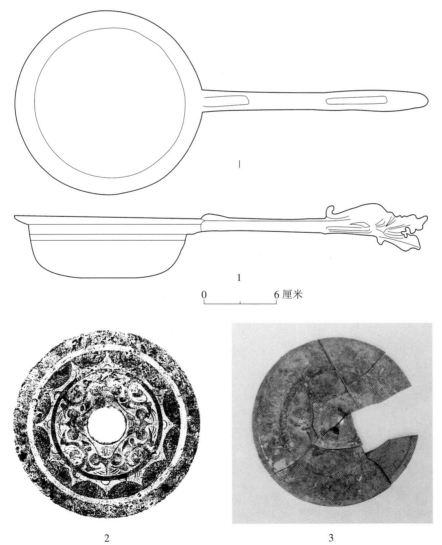

0   6 厘米

2   3

图九七 M28 铜器
1. 熨斗（M28：5） 2. 铜镜（M28：1）3. 铜镜（M28：29）

铜镜　2件。标本M28：1，圆纽，纽外围有铭文"长宜子孙"，内区纹饰是　　，外区是12连弧纹。直径14.5厘米（图九七，2）。标本M28：29，残破，八连弧纹，圆纽。直径10.5厘米（图九七，3）。

铜钱　20余枚，五铢。

3. 铁器

铁提梁熏炉　标本M28：25，深腹钵形，壁与底皆有镂孔，上有提梁，已经残断，下承盘托，三瓦状足。口径15，残高13.5厘米（彩版八，1）

4. 骨器

骨簪　标本M28：28，柄残失。长22厘米（彩版八，3）

5. 铅器

马衔镳　标本M28：10，双节衔，残。镳杆长，两端为扁片轮形，有镂孔。长13厘米。

十九　M29

M29位于双庙砖厂西侧、东小屋村东，该墓坐北朝南，开口于②层下，方向为195°。墓葬保存状况不佳，墓道、墓顶及四壁均遭到不同程度的破坏，且早年被盗掘。

（一）墓葬结构

M29为一座带墓道砖砌双室墓，由墓道、墓门、前室、后室和耳室组成（图九八）。皆以素面青砖砌成，墓砖规格为30×15×5厘米。

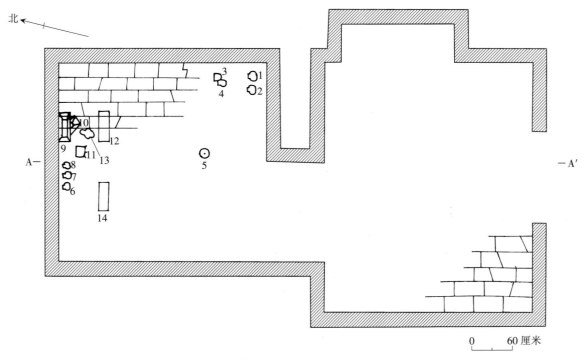

图九八　M29平面图

1. 墓道

墓道位于墓室南面，因早期被破坏严重，故结构不详。

2. 墓门

拱形门。

3. 前室

前室平面呈近长方形，长 2.1 米，宽 2.5 米，高不详。四壁皆用青砖错缝平砌而成，墓顶结构不详。墓室地面有铺地砖，为青砖不规则平铺而成。

4. 后室

后室呈长方形，长 2.5 米，宽 2 米，高不详。墓顶结构不详。地面铺有不规则形青砖。

5. 耳室

耳室位于前室东壁偏北，宽 1.2 米，高不详。

（二）随葬品

出土遗物

出土遗物共 14 件。包括陶器、铜器等几类，其中陶器 13 件，铜器 1 件。

1. 陶器

13 件。有陶钵、陶罐、陶奁、陶耳杯、陶盒 5 种。

陶罐　6 件。标本 M29：1，口残。直口，方唇，鼓腹，平底。泥质灰陶，腹部饰旋纹一周，腹部下方饰线纹数周。口径 12、底径 12.5、高 17.5 厘米（图九九，1）。标本 M29：6，侈口，方唇外斜，鼓腹，平底。泥质灰陶，素面。口径 13.5、底径 12、高 20 厘米（图九九，2）。标本 M29：7，器形不规整。直口，方唇，鼓腹，平底。素面。口径 12、底径 11、高 19 厘米（图九九，3）。标本 M29：4，侈口，方唇外斜，鼓腹，平底。泥质灰陶，腹部饰旋纹一周。口径 13.5、底径 12.5、高 20.5 厘米（图九九，8）。

陶奁　标本 M29：11，通体呈筒状，直口，方唇，直腹，平底，蹄形三足。器表上部有两周凹弦纹。口径 17.5、支足高 2.5、高 10 厘米（图九九，4）。

陶耳杯　标本 M29：13，器残。呈船形，椭圆形口，较宽的两侧附有新月形耳，耳与口处于同一平面，耳下弧腹内收，平底假圈足，素面。长 13、宽 11、高 4 厘米（图九九，6）。

红陶钵　标本 M29：3，口部，腹部，底部。泥质灰陶，内外表面涂一层红衣。口径 20、底径 6.5、高 8.5 厘米（图九九，7；彩版八，6）。

陶方盒　4 件。标本 M29：14，长方体，器盖三角各有一个小乳钉，其中一角无小乳钉。器身长 38、宽 17、高 14.5 厘米（图九九，5）。

2. 铜镜

标本 M29：5，外区因锈蚀覆盖纹饰不清，内区外圈短线纹，内圈是花草纹，直径 10.5 厘米（彩版八，7）。

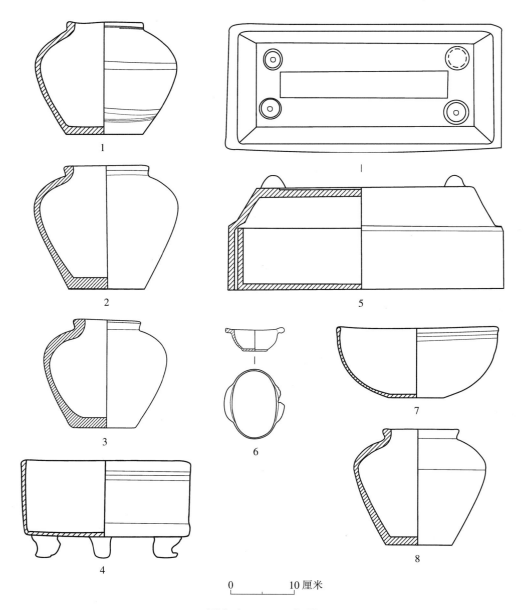

0　　　　10厘米

图九九　M29 陶器

1. 罐（M29：1）　2. 罐（M29：6）　3. 罐（M29：7）4. 奁（M29：1）　5. 方盒（M29：14）　6. 耳杯（M29：13）7. 红陶钵（M29：3）　8. 罐（M29：4）

二十　M30

　　M30 位于双庙砖厂西侧、东小屋村东，该墓坐南朝北，开口于②层下，方向为 190°。墓葬保存较好。

（一）墓葬形制

　　M30 为一座砖砌单室墓，由墓道、墓门、墓室和耳室组成（图一〇〇）。皆以素面青砖砌成，墓砖规格为 32×15×5 厘米。

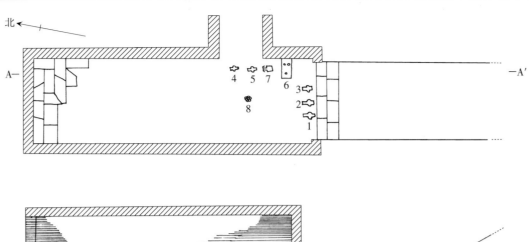

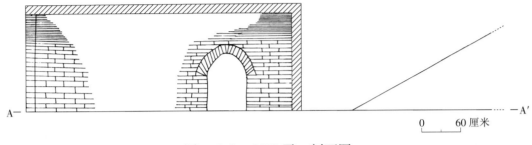

图一〇〇　M30 平、剖面图

1. 墓道

墓道位于墓室北面，为斜坡状，长 3、宽 1.1、高 5.6 米。

2. 墓门

拱形门。

3. 墓室

墓室平面呈长方形，长 3.9、宽 1.2、高 1.5 米。直壁以上略呈弧形，四壁皆用青砖错缝平砌而成，直壁高 1 米，然后起券，券筑墓顶，墓顶结构为拱券式，券高 0.5 米。墓室地面有铺地砖，为青砖不规则平铺而成。

4. 耳室

耳室位于墓室西壁处，宽 0.6、高 0.9、进深 0.6 米，为拱券形砌成。

（二）随葬品

该墓出土器物共 8 件（套），其中陶器 7 件，铜钱 20 余枚。

1. 陶器

7 件。有陶壶、陶灶、陶井 3 种。

陶壶　5 件　质地皆为黑陶，器体表面打磨光亮。

标本 M30：2，喇叭口，溜肩，鼓腹，平底。腹部均有数道弦纹。高 31.5 厘米（图一〇一，1）。标本 M30：5，喇叭口，溜肩，鼓腹，平底。口径 16、高 38 厘米（图一〇一，2）。标本 M30：3，喇叭口，溜肩，鼓腹，平底。颈和腹部均有滚压竖条纹带。口径 12，高 29.5 厘米（图一〇一，4）。

陶灶　标本 M30：6，长方形灶台，前有火门，上有灶口，安放一釜，灶上面周边有方格纹带，中部有方格纹，长 22.5、宽 15、高 8 厘米（图一〇一，5）。

图一〇一　M30 陶器

1. 壶（M30：2）　2. 壶（M30：5）　3. 井（M30：7）　4. 壶（M30：3）　5. 灶（M30：6）

陶井　标本 M30：7，井架与井连为一体，井架上有盖。高 16 厘米（图一〇一，3）。

2. 铜器

铜钱　20 余枚，皆为汉代五铢钱。

二十一　M31

M31 位于双庙砖厂西侧、东小屋村东，坐北朝南，开口于②层下，方向为 180°。墓葬保存状况较差，墓道、墓顶及四壁均遭到不同程度的破坏。

（一）墓葬结构

M31 为一座带墓道砖砌双室墓，由墓道、墓门、前室、后室和耳室组成，总长 5.3 米，宽 2.8 米。皆以素面青砖砌成，墓砖规格为 30×15×5 厘米。

1. 墓道与墓门

因遭到破坏，故结构不详。墓门位于墓室南面，宽0.8米。

2. 墓室

前室和后室的墓室平面呈正方形，直壁以上略呈弧形。四壁皆用青砖错缝平砌而成，直壁高0.5~1.5米，然后起券，券筑墓顶，墓顶结构不详。前室东壁有耳室，宽0.7米，高度不详，进深1.2米。墓室地面有铺地砖，为青砖不规则平铺而成。

（二）随葬品

该墓出土器物共10件（套），其中陶器6件，铅镜1件，10余枚五铢铜钱及一枚"货泉"铜钱，石珠5颗。

1. 陶器

6件，有陶罐、陶壶、陶魁、陶勺、陶灶、陶耳杯6种。

陶罐 标本M31：2，直口，方唇，鼓肩，平底。泥质灰陶，肩腹部有凹弦纹两周。口径13.5、底径13.5、高20.5厘米（图一〇三，1）。

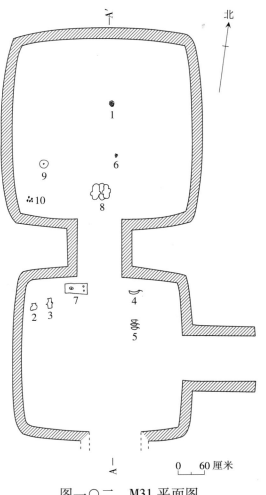

图一〇二　M31平面图

陶壶 标本M31：3，口残，敞口，长颈，扁鼓腹，平底，假圈足。颈部饰凹弦纹一周，器表施化妆土，在化妆土表面使用墨绘成连续的卷草纹。底径13、残高32厘米（图一〇三，5，彩版九，1）。

陶魁 标本M31：7，器身残。口部形状近似圆角长方形，方唇，斜壁下弧收，椭圆形假圈足，器身一侧上方附一柄，素面。外有一周宽带凸起，柄上翘呈拱形，素面。口长16.5、宽约12.5、底长10.2、宽9、通高6.5厘米（图一〇三，3）。

陶灶 标本M30：6，泥质灰陶。灶面为长方形。由灶和釜组成。灶身前壁有圆形火门，灶台上面有三个圆孔，灶面上饰勺等炊具。灶长22.5、宽20、高10厘米（图一〇三，2）。

陶耳杯 5件。标本M31：8。器形不规整。呈船形，椭圆形口，两侧附有新月形耳，耳与口处于同一平面，耳下弧腹内收，平底假圈足，素面。器体表面均使用朱砂，颜色鲜艳。长径11.5、短径7、高3.5厘米（图一〇三，4；彩版九，2）。

陶勺 4件，一件完整。标本M31：5-1，弯柄，圆形勺头。器体表面均使用朱砂，颜色鲜艳。长16.5厘米（彩版九，3）。

2. 铜器

五铢铜钱，20余枚。标本M31：5，直径2.5厘米。

货泉铜钱，2枚。标本M31：10，直径2.5厘米。

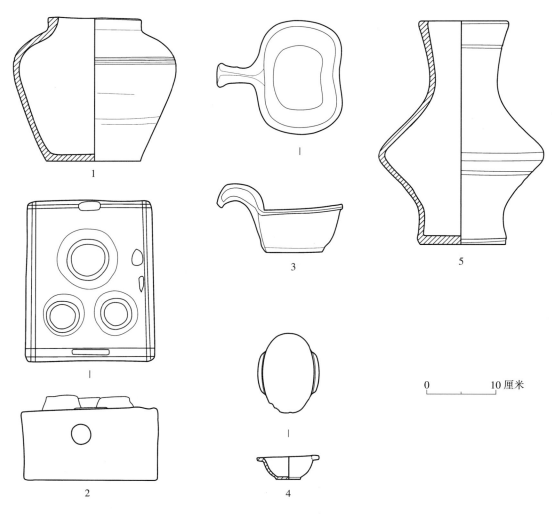

图一〇三　M31 陶器

1. 罐（M31：2）　2. 灶（M30：6）　3. 魁（M31：7）　4. 耳杯（M31：8）　5. 壶（M31：3）

3. 铅器

铅镜，标本 M31：13，圆形，圆纽，残破，纹饰不清，直径 8 厘米。

4. 石器

圆球形珠，标本 M31：14，5 颗，直径 1.8 厘米。

二十二　M32

M32 位于双庙砖厂西侧、东小屋村东，其南为 M24、东侧为砖厂。该墓坐北朝南，开口于②层下，方向为 190°。保存状况不佳，墓道、墓门已被破坏，且早年曾被盗掘。

（一）墓葬形制

M32 为一座带墓道砖砌单室墓，由墓道、墓门和墓室组成。皆以素面青砖砌成，墓砖规格为 32×16×5 厘米。墓葬曾经被盗掘，盗洞位于墓门方向。

1. 墓道

墓道位于墓室南壁西侧，因遭到毁坏，故结构不详。

2. 墓门

墓门位于墓室南壁西侧，紧靠西壁。因遭到毁坏，发掘时，墓门已不复存在，没有发现封门砖。

3. 墓室

墓室平面呈南北向长方形，直壁以上略呈弧形，四壁皆用青砖错缝平砌而成，直壁高 1.5 米，然后起券，券筑墓顶，墓顶结构为拱券式，券高 0.7 米。墓室有铺地砖，为错缝平铺而成。

（二）人骨

墓室东部有人骨，因该墓被盗，人骨散乱，骨骼腐朽，仅存留部分骨骼，故头向、面向、葬式等不详。

（三）随葬品

该墓出土器物 6 件（套），其中陶器 3 件，铜镜 2 面，另外出土铜钱 2 枚。出土陶器，质地皆为灰陶，其中出土的 2 件陶盒中一件带有 4 个炉钉，并且器物表面有使用化妆土的痕迹。出土的 2 枚铜镜，一枚完整、一枚残，平面皆呈凸形，青铜质地，球形镜纽，带孔，带有绿绣斑，腐蚀严重。

出土陶器 3 件，铜器 3 件。

1. 陶器

3 件。有陶罐、陶方盒 2 种。

陶罐 标本 M32：2，侈口，圆唇，鼓腹，平底。腹部饰旋纹一周。口径 5.5、底径 4.2、高 8.3 厘米（图一○五，1）。

陶方盒 2 件，标本 M32：4，长方体，器盖三角各有一个小乳钉，一角无小乳钉。器身长 32.5、宽 11.5、高 10 厘米（图一○五，2）。

2. 铜器

铜镜 标本 M32：1，连弧纹镜，直径 11.3 厘米（图一○六）。

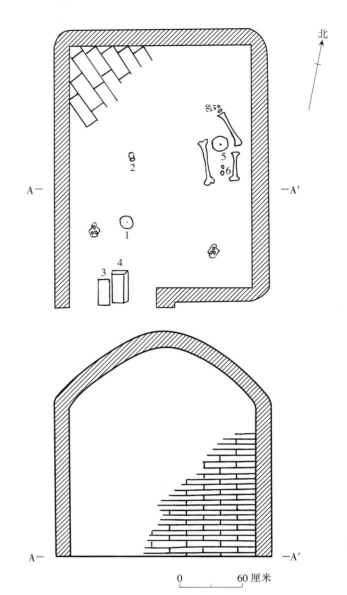

图一○四 M32 平、剖面图

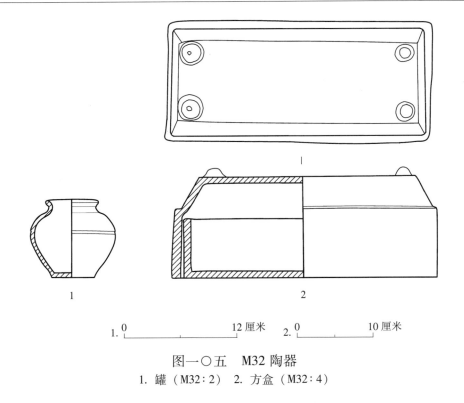

图一○五　M32 陶器
1. 罐（M32:2）　2. 方盒（M32:4）

二十三　M33

　　M33 位于双庙砖厂西侧、东小屋村东，是一座带墓道砖砌双室墓（图一○七）。该墓坐北朝南，开口于②层下，方向为 190°。保存状况不佳，墓顶全部被破坏，墓室四壁高度不一。

（一）墓葬结构

　　该墓是一座带墓道砖砌双室墓。由墓道、墓门、墓室和耳室组成，上部被盗残掉。该墓皆以素面青砖砌成，墓砖规格为 32×15×5 厘米。

　　1. 墓道

　　墓道因遭到破坏，故结构不详。

　　2. 墓门

　　墓门位于前室北壁，直壁高 0.8 米，宽 1 米。

　　3. 墓室

　　墓室平面呈长方形，墓顶全部被破坏，墓室四壁高度不一，残高 1～1.2 米，四壁皆用青砖错缝平砌而成。墓室地面有铺地砖，为青砖错缝平铺而成，在墓室西南部有一棺床，长 1.4 米，宽 0.6 米，高 0.1 米。

图一○六　M32 铜镜（M32:1）

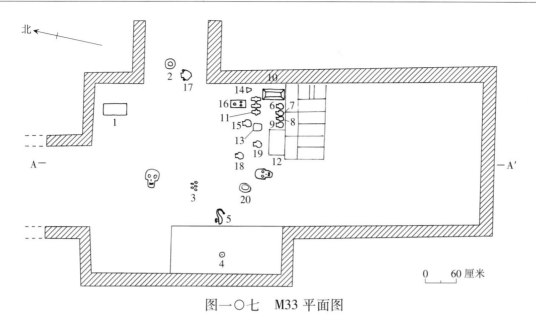

图一〇七　M33 平面图

4. 耳室

耳室位于墓室东壁偏南，宽 0.9 米，残高 1.1 米，进深 0.6 米（图一〇八）。

图一〇八　M33 耳室

（二）人骨

两具，早期被盗，骨骼仅剩几块。

（三）随葬品

出土遗物

出土遗物共 20 件（套），包括陶器、铜器等几类，其中陶器 16 件，铜镜 1 面，铜带钩 1 件，铜泡钉 5 个。另出土 10 余枚五株铜钱。

1. 陶器

16 件，有陶盒、陶壶、陶耳杯、陶条盘、陶奁、陶井、陶罐、陶灶 8 种。

陶罐　7 件，标本 M33：6，直口，方唇，鼓腹，平底。泥质灰陶，腹部饰旋纹一周。口径 11、底径 10、高 18.7 厘米（图一〇九，1）。标本 M33：19，直口，方唇，鼓腹，平底。泥质灰陶，素面。口径 11、底径 12、高 20 厘米（图一〇九，2）。

陶双系罐　标本 M33：17，直口，方唇，鼓腹，肩上一对称桥形耳，平底。泥质灰陶，颈部有弦纹，肩部有 2 周划的连弧纹带。口径 10.5、高 18 厘米（图一〇九，4）。

陶壶　标本 M33：18，侈口，方唇，束颈，鼓腹，平底。泥质灰陶，腹部饰线纹一周。高 14.6、底径 8 厘米（图一〇九，3）。

陶奁　标本 M33：13，一支足残。通体呈筒状，直口，圆唇，斜直腹，平底，蹄形三足。器表上部有两周凹弦纹，泥质灰陶。口径 16.5、底径 19、足高 2、高 9.2 厘米（图一〇九，5）。

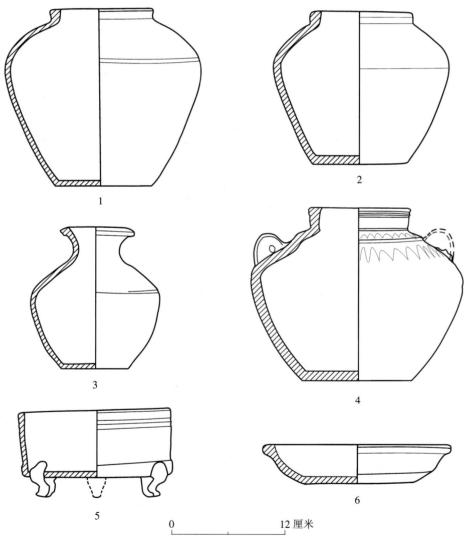

图一〇九　M33 陶器

1. 罐（M33：6）2. 罐（M33：19）3. 壶（M33：18）4. 双系罐（M33：17）5. 奁（M33：13）6. 盘（M33：2）

陶盘 标本 M33:2，折沿，浅折腹，平底。泥质灰陶，盘内饰凸棱一周。口径20、底径10、高4厘米（图一〇九，6）。

陶方盒 标本 M33:10，长方体，盝顶。长34、宽14.5、高13厘米（图一一〇，1）。

陶案 标本 M33:12，长方形，四周有沿，素面。泥质灰陶。长42、宽30厘米（图一一〇，2）。

陶耳杯 6件，标本 M33:11，呈船形，椭圆形口，较宽的两侧附有新月形耳，耳与口处于同一平面，耳下弧腹内收，底呈假圈足，素面。长14、宽9、高3.5厘米（图一一〇，3）。

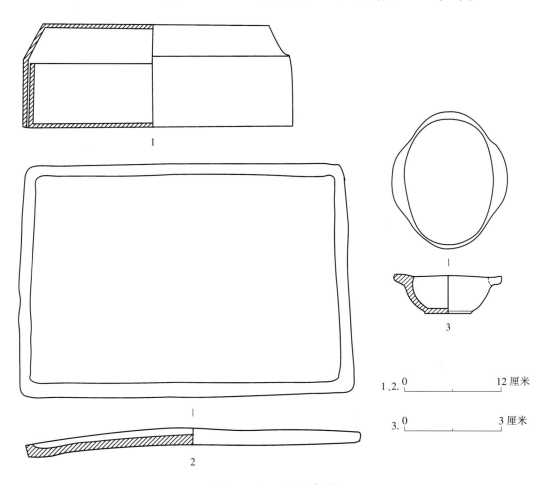

图一一〇 M33 陶器
1. 陶方盒（M33:10） 2. 案（M33:12）3. 耳杯（M33:11）

陶灶 标本 M33:16，平面为长方形，有三个灶眼，模制。三个灶眼均与釜相连，前部并列两个小釜，后部有一大釜，釜上置有甑。灶门呈方形，灶面上各边饰网格纹，灶台面前部上饰有鱼，羊头。灶的背部有一小孔，为出烟孔。甑为平折沿，敞口，方唇，斜直腹。长23.5，宽17、高8厘米（图一一一，1）。

陶井 标本 M33:14，由井筒和井栏两部分组成。井筒为筒腹束腰，平底，井栏作"井"字形置于井筒上。底径11、高19厘米（图一一一，3）。

2. 铜器

铜镜 标本 M33:4，几何纹镜，直径7厘米（图一一一，2；彩版九，6）。

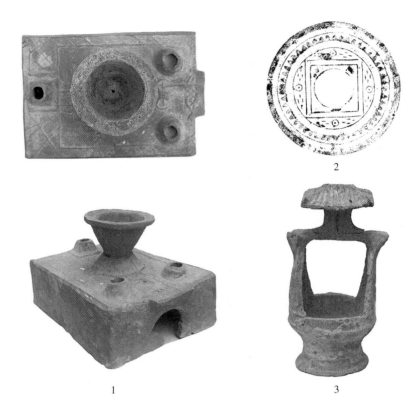

图一一一　M33 器物

1. 陶灶（M33：16）　2. 铜镜（M33：4）　3. 陶井（M33：14）

铜带钩　标本 M33：5，长 3.3 厘米（彩版九，4）。

铜泡　5 件。标本 M33：20，圆形，中部鼓，呈半球形，内有钉。（彩版九，5）。

铜钱　16 枚。标本 M33：3，五铢钱，直径 2.5 厘米（图一一二）。

图一一二　M33 五铢钱（M33：3）

二十四　M34

M34 位于双庙砖厂西侧、东小屋村东，该墓坐南朝北，开口于②层下，方向为185°。未被盗掘，除墓道遭到破坏外，其余保存较好。

（一）墓葬形制

M34 为一座带墓道砖砌单室墓，由墓道、墓门、墓室和耳室组成（图一一三）。

1. 墓道

墓道因被破坏，故结构不详。

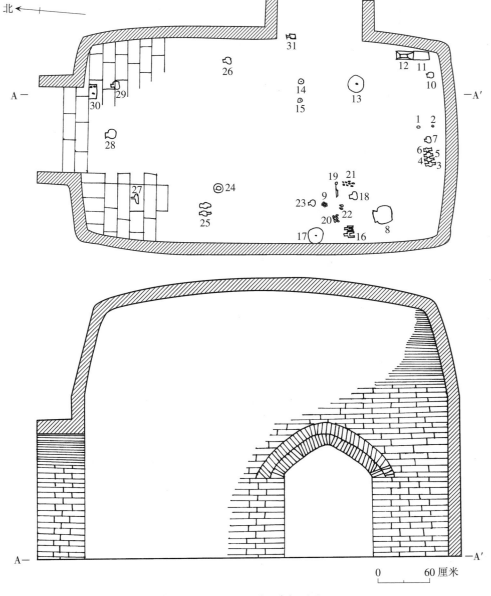

图一一三　M34 平、剖面图

2. 墓门

墓门位于墓室北壁正中，宽 1 米，高 1.2 米。

3. 墓室

墓室平面呈长方形，长 4.3 米，宽 2.3 米，高 3
米。直壁以上略呈弧形，四壁皆用青砖错缝平砌而成，
直壁高 1.8 米，然后起券，券筑墓顶，墓顶结构为拱
券式，券高 1.2 米。墓室西半部有一棺床，棺床长
4.3 米，宽 0.8 米，高 0.1 米，平面用素面青砖不规
则铺成。墓室地面有铺地砖，为青砖平铺而成（图
一一四）。

4. 耳室

耳室位于墓室东壁偏南，宽 1 米、高 1.3 米。

（二）人骨

两具，仰身直肢，头向北，骨骼仅剩几块。

（三）随葬品

该墓出土器物共 31 件（套），其中陶器 19 件，铜
器 9 件，还有 20 余枚五株铜钱和 2 枚"货布"钱。

图一一四　M34 墓室

1. 陶器

19 件。有陶壶、陶瓮、陶盒、陶盘、陶耳杯、陶罐、陶灯、陶灶、陶井 9 种。

陶壶　4 件。标本 M34：5，有器盖，直口，长颈，扁圆腹，平底。器盖饰弦纹数周，颈内壁有弦
纹数周，器表素面，泥质灰陶。口径 12.5、底径 13.5、高 29 厘米（图一一五，1）。标本 M34：6，直
口，扁鼓腹，平底。泥质灰陶，肩部和腹部交接处饰弦纹两周。口径 14、底径 12.5、高 36 厘米（图
一一五，6）。

陶罐　7 件。标本 M34：18，直口，鼓腹，底略内凹。泥质灰陶，素面。口径 17、底径 19、高
26.5 厘米（图一一五，2）。标本 M34：23，直口，鼓，平底。泥质灰陶，肩部饰旋纹数周。口径 13、
底径 13、高 16.5 厘米（图一一五，3）。标本 M34：10，直口，鼓肩，平底。泥质灰陶，通体旋纹。口
径 13、底径 14、高 15 厘米（图一一五，4）。

陶瓮　标本 M34：8，直口，鼓肩，平底。泥质灰陶，肩部饰篦纹三周。底径 30、高 45 厘米（图
一一五，5）。

陶方盒　2 件。标本 M34：12，灰陶，长方体，盝顶盖，长 32、宽 13.5、高 11 厘米（图一一
六，1）。

陶盘　标本 M34：24，宽折沿，浅折腹，底略内凹。口沿下部饰弦纹，底部饰弦纹数周。口径 18、
底径 10、高 3.5 厘米（图一一六，4）。

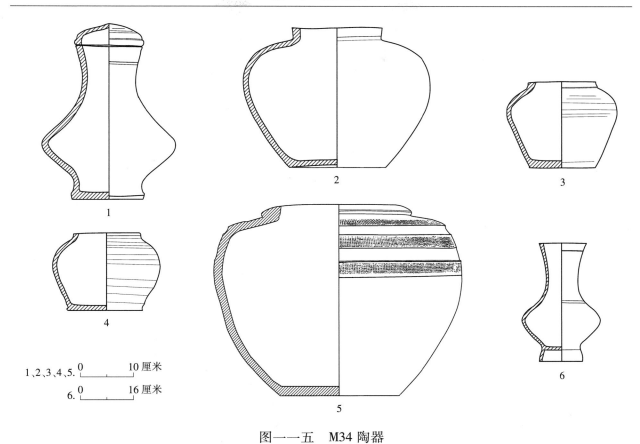

图一一五 M34 陶器

1. 壶（M34：5）2. 罐（M34：18） 3. 罐（M34：23） 4. 罐（M34：10） 5. 瓮（M34：8） 6. 壶（M34：6）

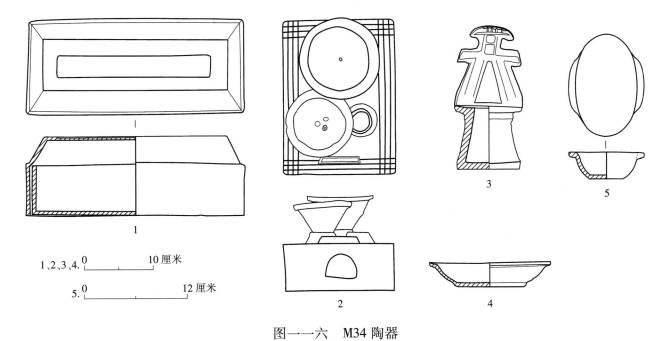

图一一六 M34 陶器

1. 方盒（M34：12）2. 灶（M34：30） 3. 井（M34：31） 4. 盘（M34：24） 5. 耳杯（M34：25）

陶耳杯 4 件。标本 M34：25，泥质灰陶。椭圆形杯身，新月状双耳，平底。长 14、宽 10.5 厘米（图一一六，5）。

　　陶灶　标本 M34：30，平面长方形，有三个灶眼。三个灶眼均与釜相连，前部并列两个小釜，后部有一大釜，釜上置有甑。灶门呈拱形，灶面上各边饰三条凸弦纹，灶的背部有一小孔，为出烟孔。甑为平折沿，敞口，方唇，斜直腹。长 23、宽 16 厘米（图一一六，2）。

　　陶井　标本 M34：31，由井筒和井栏合为一体。筒腹束腰，平底，井架上有井亭。高 21 厘米（图一一六，3）。

　　陶灯　标本 M34：27，残缺。口径 15、残高 9 厘米（图一一七，1）。

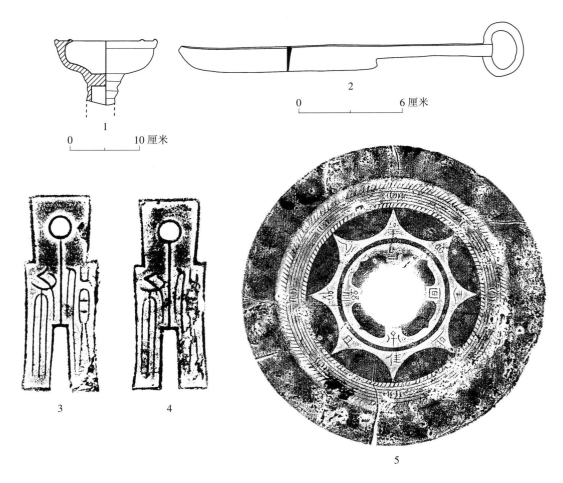

图一一七　M34 器物

1. 陶灯（M34：27）　2. 铜刀（M34：19）　3. 布币（M34：16－1）　4. 布币（M34：16－2）　5. 铜镜（M34：17）

　　2. 铜器

　　铜镜　4 面，皆圆形。标本 M34：17，连弧纹镜，柿蒂镜钮，带孔，上有铭文"长宜子孙"篆书。直径 18.5 厘米（图一一七，5；彩版十，3）。标本 M34：13，宽缘，外区连弧纹，内区柿蒂纹，直径 16.5 厘米（彩版十，1）。标本 M34：14，内区连弧纹，直径 8.7 厘米（彩版十，2）。标本 M34：15，直径 7 厘米，表面锈蚀，纹饰不清（彩版十，4）。

　　铜刀　标本 M34：19，环首，直柄，翘尖。长 20 厘米（图一一七，2）。

　　铜泡　7 件。标本 M34：20，口径 2.2、高 1 厘米。

　　铜环　2 件。标本 M34：1，直径 2.8 厘米。标本 M34：2，直径 1.8 厘米。

铃铛　3 枚。标本 M34：22，圆形，上有纽，底开缝，内有球。直径 1.4 厘米。

布币　2 件。标本 M34：16－1、标本 M34：16－2，篆书"货布"。长 5.8、宽 2.2 厘米（图一一七，3、4）。

铜五铢钱　21 枚，标本 M34：9，直径 2.5 厘米。

3. 其他

珠子 20 余件，有圆形、柱形、方片形、半圆片状等。质地不明。

二十五　M36

M36 位于双庙砖厂西侧、东小屋村东，该墓坐北朝南，开口于②层下，方向为 190°。墓葬保存状况不佳，墓道、墓门及四壁遭到不同程度破坏，且早年曾遭盗掘（图一一八）。

（一）墓葬形制

M36 为一座带墓道砖砌单室墓，由墓道、墓门、墓室和耳室组成（图一一九）。以素面青砖砌成，墓砖规格为 32×15×5 厘米。

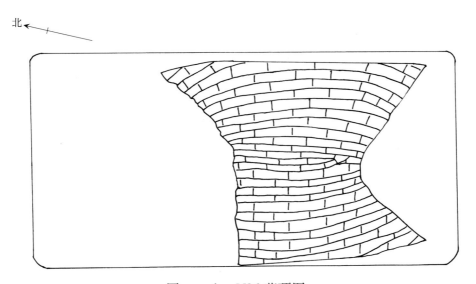

图一一八　M36 墓顶图

1. 墓道

墓道遭到严重破坏，故结构不详。

2. 墓门

墓门位于墓室南壁东侧，宽 0.9 米，残高 1 米。

3. 墓室

墓室平面呈长方形，直壁以上略呈弧形，四壁皆用青砖错缝平砌而成，直壁高 1.7 米，然后起券，券筑墓顶，墓顶结构为拱券式，券高 1 米。墓室地面有铺地砖，为青砖平铺而成，在墓室东北部铺地砖被破坏，不复存在。

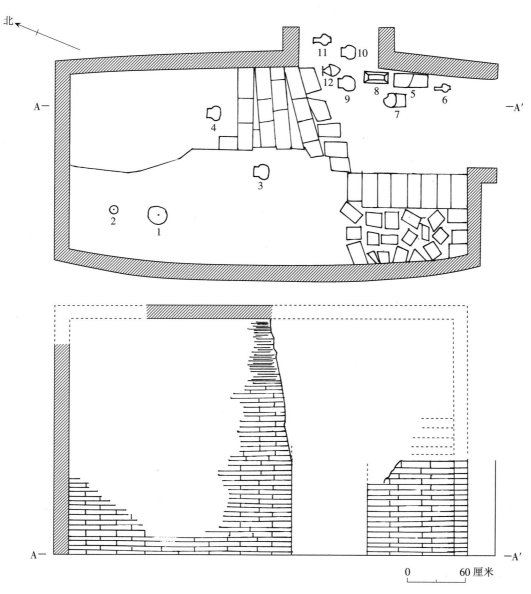

图一一九　M36 平、剖面图

4. 耳室

耳室位于墓室东壁偏南，宽 0.8 米，残高 0.9 米，进深 0.4 米。

（二）人骨

人骨三具，一男二女，因该墓被盗，人骨散乱，骨骼腐朽，仅存留部分骨骼，故头向、面向、葬式等不详。

（三）随葬品

该墓出土器物共 12 件，其中陶器 10 件，铜镜 1 面，铅镜 1 面。

1. 陶器

10 件，有陶条盘、陶奁、陶盒、陶罐、陶壶、陶井 6 种。

　　陶罐　标本 M36：3，直口，方唇，鼓腹，平底。泥质灰陶，素面。口径 11、底径 11.4、高 19 厘米（图一二〇，1）。

　　陶罐　标本 M36：9，盘口，方唇，鼓腹，平底。泥质灰陶，素面。口径 13、底径 12、高 18.5 厘米（图一二〇，2）。

　　陶方盒　标本 M4：8，长方形，盖失。长 30.5，宽 11.5，高 10 厘米（图一二〇，3）。

　　陶案　标本 M33：12，长方形，四周有沿，素面。泥质灰陶。长 42、宽 29.5 厘米（图一二〇，4）。

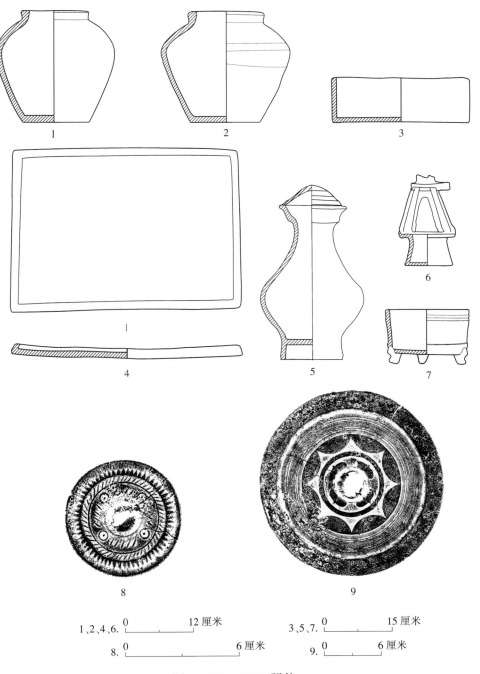

图一二〇　M36 器物

1. 陶罐（M36：3）　2. 陶罐（M36：9）　3. 陶方盒（M4：8）4. 陶案（M33：12）5. 陶壶（M36：6）6. 陶井（M36：12）　7. 陶夌（M36：7）　8. 铜镜（M36：1）　9. 铅镜（M36：2）

陶壶　标本 M36：6，有器盖，直口，长颈，鼓腹，假圈足。器盖饰凸弦纹数周，器表素面，泥质灰陶。口径 15、底径 13、高 34.5 厘米（图一二〇，5）。

陶奁　标本 M36：7，通体呈筒状，直口，圆唇，斜直腹，平底，蹄形三足。器表上部有两周凹弦纹，泥质灰陶。口径 18.5、底径 19、支足高 3、高 11.5 厘米（图一二〇，7）。

陶井　标本 M36：12，器残。井栏与井筒合为一体，平底，筒腹束腰。残高 16.5 厘米（图一二〇，6）。

铜镜　标本 M36：1，连弧纹镜，平面呈凸形，球形镜纽，带孔。直径 20 厘米（图一二〇，8）。

铅镜　标本 M36：2，平面呈凸形，球形镜纽。直径 17 厘米（图一二〇，9）。

二十六　M37

M37 位于双庙砖厂西侧、东小屋村东，其西为 M38，坐北朝南，开口于②层下，方向为 190°。该墓保存状况不佳，东壁已坍塌，且早年被盗。

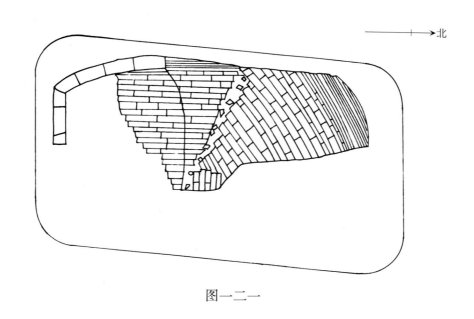

图一二一

（一）墓葬结构

M37 为一座带墓道长方形砖砌单室墓，由墓道、墓门和墓室组成。皆以绳纹青砖砌成，墓砖规格为 30×15×5 厘米。

1. 墓道

墓道位于墓室南壁偏西，破坏严重，没有发掘清理，故结构不详。

2. 墓门

墓门位于墓室南壁偏西。宽 0.8 米，高 1.2 米。

3. 墓室

墓室平面呈长方形，直壁以上略呈弧形，四壁皆用青砖错缝平砌而成，直壁高 1.4 米，然后起券顶，券高 1.2 米，墓顶为盝顶形。地面没有铺地砖。

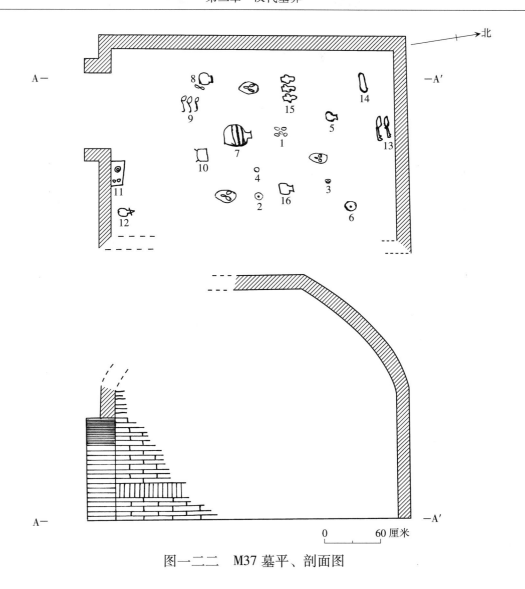

图一二二　M37 墓平、剖面图

（二）随葬品

出土遗物

出土遗物共 16 件（套），包括陶器、铜器等几类，其中陶器 11 件，铜器 3 件。另出土铜钱 30 余枚，货泉铜钱 1 枚。

1. 陶器

11 件，有陶瓮、陶罐、陶勺、陶釜、陶灶、陶井、陶匜、陶盘、陶耳杯 9 种。

陶罐　2 件。标本 M37：5，盘口，方唇外斜，鼓腹，平底。泥质灰陶，腹部饰弦纹一周。口径 13.5、底径 12.5、高 21.5 厘米（图一二三，4）。标本 M37：8，器形不规整。盘口，方唇稍外斜，鼓腹，平底。泥质灰陶，腹部饰凹弦纹一周。口径 13、底径 12.5、高 21 厘米（图一二三，5）。

陶瓮　标本 M37：7，器形不规整。直口，方唇外斜，鼓腹，平底。泥质灰陶，肩部与腹部交接处有凸方格纹三周。口径 29.5、底径 28、高 42.5 厘米（图一二三，1）。

陶三足盆　标本 M37：10，敞口，弧腹，圜底，三蹄形足。上腹有凹弦纹。口径 22，高 13 厘米

（图一二三，3）

魁　2 件。标本 M37：13，泥质灰陶。微侈口，圆唇，弧腹，底略内凹，腹一侧有一龙首形柄。唇外饰一周凹弦纹。口径 16、高 6.5 厘米（图一二三，2）。

陶盘　标本 M37：14，折沿，浅折腹，平底。泥质灰陶。口径 20.5、底径 14、高 3 厘米（图一二三，6）。

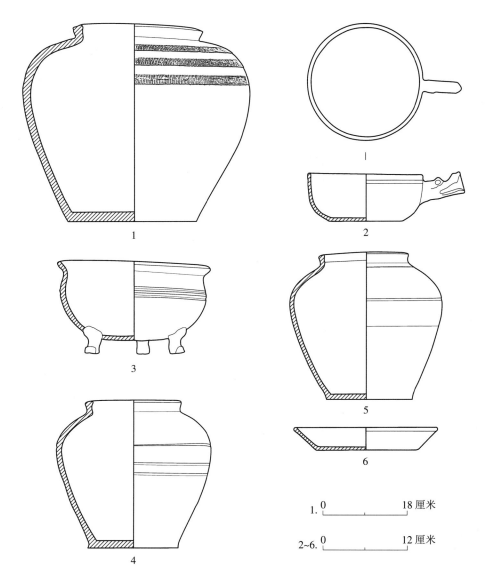

图一二三　M37 陶器

1. 瓮（M37：7） 2. 魁（M37：13） 3. 三足盆（M37：10） 4. 罐（M37：5）5. 罐（M37：8） 6. 盘（M37：14）

陶耳杯　4 件。标本 M37：15，呈船形，椭圆形口，较宽的两侧附有新月形耳，耳与口处于同一平面，耳下弧腹内收，底呈假圈足，素面。长 11、宽 8.5、高 3.5 厘米（图一二四，1）。

勺　3 件。标本 M37：9，形制、大小相近。泥质灰陶。半球形体，弧形柄。长 11～13 厘米（图一二四，2）。

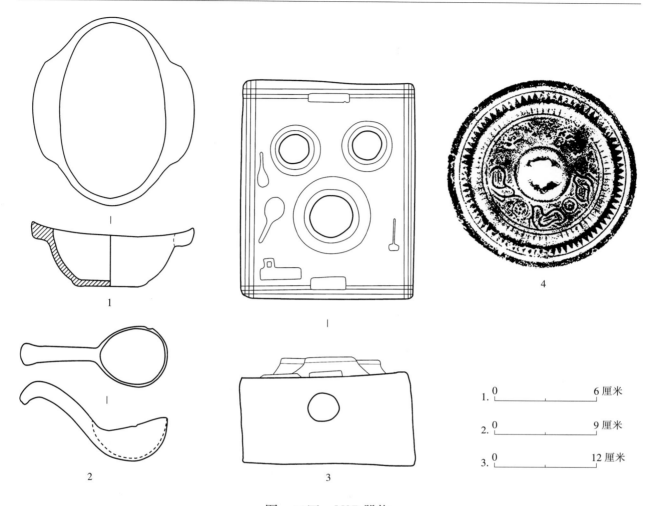

图一二四　M37 器物

1. 陶耳杯（M37：15）　2. 勺（M37：9）3. 陶灶（M37：11）　4. 铜镜（M37：2）

　　陶灶　标本 M37：11，泥质灰陶。灶面为长方形，由灶和釜组成。灶身前壁有圆形火门。灶台上面有三个孔。灶面上饰刀、勺等。灶身长 25、宽 20、高 11 厘米（图一二四，3）。

　　2. 铜器

　　铜镜　2 面。标本 M37：2，圆形，圆纽，内区有鸟纹，因锈蚀层覆盖，鸟不清晰。外区饰锯齿纹一周，短线纹一周。直径 7.5 厘米（图一二四，4；彩版十，6）。标本 M37：4，圆形，圆纽，内区有四乳钉四凤鸟纹，因锈蚀层覆盖，不清晰。外区饰锯齿纹一周，短线纹一周。直径 12 厘米（彩版十，5）。

　　铜环　1 件。标本 M37：6，直径 1.6 厘米（彩版十，7）。

　　五铢钱　30 枚，标本 M37：1，直径 2.5 厘米。

　　货泉铜钱　1 枚，标本 M37：3，直径 2.2 厘米。

二十七　M38

　　M38 位于双庙砖厂西侧、东小屋村东，该墓坐南朝北，开口于②层下，方向为 180°。被盗掘。

（一）墓葬形制

M38 为一座带墓道砖砌单室墓，由墓道、墓门、墓室组成（图一二五）。

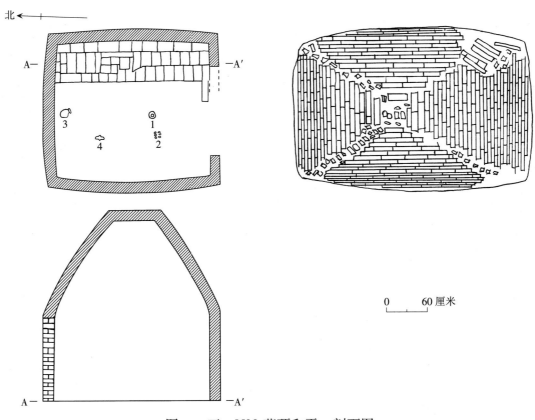

图一二五　M38 墓顶和平、剖面图

1. 墓道

墓道因被破坏，故结构不详。

2. 墓门

墓门位于墓室北壁正中，因被破坏，宽度不详。

3. 墓室

墓室平面呈长方形，长 4.8 米，宽 4.2 米，高 4 米。直壁以上略呈弧形，四壁皆用青砖错缝平砌而成，直壁高 1.8 米，然后起券，券筑墓顶，墓顶结构为拱券式。墓室东半部有一棺床，平面用素面青砖不规则铺成。墓室地面有铺地砖，为青砖平铺而成。

（二）随葬品

该墓出土器物共 4 件（套），其中陶器 2 件，铜器 1 件，铜钱数枚。

1. 陶器

2 件，有陶罐、陶耳杯 2 种。

陶罐　标本 M38：3，直口，鼓肩，平底。泥质灰陶，肩部饰篦纹三周。口径 18.5、高 28 厘米

（图一二六，1）。

陶耳杯 3件。标本 M38：4，泥质灰陶。椭圆形杯身，新月状双耳，平底。口径 18.5、高 28 厘米（图一二六，3）。

2. 铜器

铜镜 标本 M38：1，圆形，残碎，直径 10.5 厘米（图一二六，2）。

铜五铢钱 14 枚，标本 M38：2，直径 2.5 厘米。

 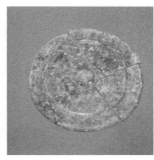 

1　　　　　　　2　　　　　　　3

图一二六 M38 器物

1. 陶罐（M34：3） 2. 铜镜（M38：1） 3. 陶耳杯（M38：4）

二十八 M39

M39 位于双庙砖厂西侧、东小屋村东，其南为 M23、北为 M25。开口于②层下，南偏西 190°。

（一）墓葬结构

该墓为砖室结构，坐北朝南，为双室，皆以素面青砖砌成，墓砖规格为 32×16×5 厘米。

1. 墓道

墓道位于前室南壁偏东，长 4.2 米，宽 1 米，南部高 2.4 米，北部高 4 米，平面呈狭窄长条形，斜坡式，直壁。

2. 墓门

位于墓室南面，为券顶结构，由双层竖砖砌成，券高 0.45 米。

3. 墓室

墓葬前室平面呈正方形，后室呈长方形，前室直壁以上略呈弧形，四壁皆用青砖错缝平

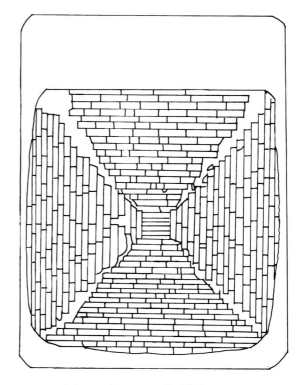

图一二七 M39 墓顶图

砌而成，直壁高 1.8 米，然后用单砖叠压平砌开始起券券筑墓顶，墓顶结构为轿顶式，券高 1.2 米（图一二七），后室为早期盗掘破坏，墓顶被挖掉，墓葬前后室由一通道相连，为券顶结构，因早期盗墓被破坏，尺寸不详。在前室东壁发现有耳室，为券顶结构，耳室长 0.8、宽 0.7、高 1.2 米。墓室底部有铺地砖，为单砖错缝平铺，后室不规则（图一二八）。

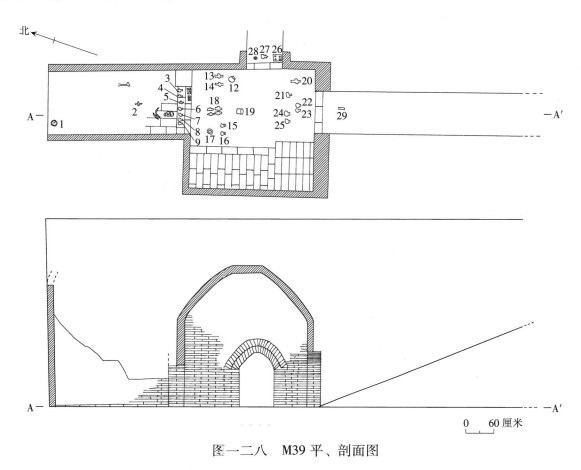

图一二八　M39 平、剖面图

棺床位于前室西北部，长 1.8 米，宽 0.75 米，高 0.15 米。平面呈长方形，用 3 层青砖错缝平砌而成，棺床下为生土。

（二）人骨

人骨两具，因该墓被盗，人骨散乱，骨骼腐朽，仅存留部分骨骼。

（三）随葬品

该墓出土器物共 29 件（套），包括陶器、铜器等几类，其中陶器 25 件，铜器 3 件，另出土铜钱 40 余枚。

1. 陶器

陶壶　5 件，标本 M39：4，盘口，方唇，长颈，扁鼓腹，平底。泥质灰陶，颈部与肩部交接处饰弦纹和方头工具压印的方坑纹，盖上周边有 8 对乳钉，中间 1 个乳钉。口径 15.5、底径 13.5、高 36.5 厘米（图一二九，2）。

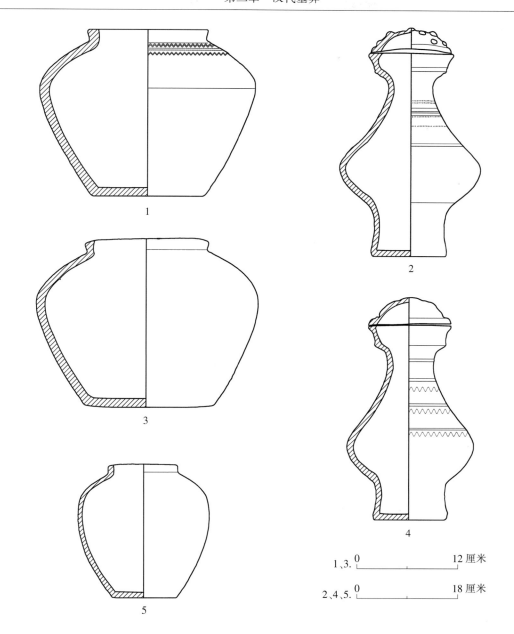

图一二九　M39 陶器

1. 罐（M39：7）2. 壶（M39：4）3. 罐（M39：9）4. 壶（M39：5）5. 罐（M39：8）

陶壶　标本 M39：5，形态同上，颈和腹部有三组弦纹和波浪纹。口径 15、底径 11.5、高 35 厘米（图一二九，4）。

陶罐　8 件。标本 M39：7，直口，方唇，鼓腹，平底。泥质灰陶，腹部饰弦纹两周。口径 14.4、底径 14、高 19.7 厘米（图一二九，1）。标本 M39：8，直口，方唇，溜肩，鼓腹，平底。泥质灰陶，肩部以上饰两周凸弦纹，肩部饰两周凹弦纹。口径 13、底径 12、高 24 厘米（图一二九，5）。标本 M39：9，直口，方唇微外斜，鼓腹，平底。泥质灰陶。口径 14.7、底径 16、高 20 厘米（图一二九，3）。

陶灶　标本 M39：26，器残，平面为长方形，泥质灰陶。由灶和釜组成。灶身前壁有拱形火门，灶台上面有两个圆孔，上置 2 件釜。釜均为平沿，弧腹，平底。灶面上有纹饰。长 26.5、宽 16.5、高

10.5 厘米（图一三〇，1）。

　　陶盘　标本 M39：17，宽折沿，浅折腹，底略内凹。口沿下部饰弦纹，底部饰图弦纹数周。口径 24.7、高 4 厘米（图一三〇，2）。

　　陶钵　2 件。标本 M39：15，圆唇，直口，深腹，假圈足。口径 21.5、高 7.7 厘米（图一三〇，3）。

　　陶奁　标本 M36：7，通体呈筒状，直口，圆唇，斜直腹，平底，蹄形三足。器表上部有两周凹弦纹，泥质灰陶。口径 18.5、底径 19、支足高 3、高 11.5 厘米（图一三〇，4）。

　　陶方盒　2 件。标本 M39：10，灰陶，长方体，盖盝顶，长 32.5、宽 12.5、高 10.7 厘米（图一三〇，5）。

　　陶耳杯　8 件。分大小两种，大的长 13.2、宽 11.2、高 3.5 厘米。标本 M39：18，椭圆形口，对称双耳，直口，平底。（图一三一，1）。小的长 10.8、宽 9 厘米。

　　陶井　标本 M39：27，井架残，井筒圆形。残高 17.5 厘米。

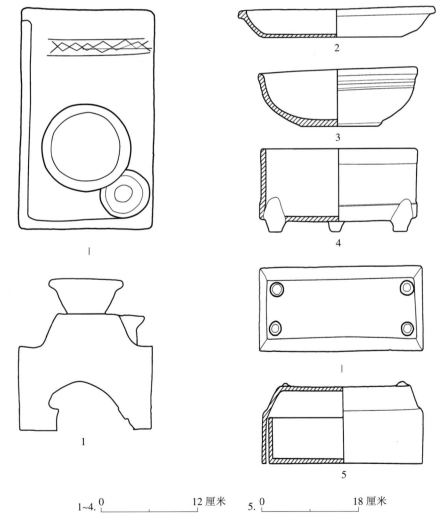

1~4. 0 ————————— 12 厘米　　5. 0 ————————— 18 厘米

图一三〇　M39 陶器

1. 灶（M39：26）　2. 盘（M37：17）　3. 钵（M39：15）　4. 奁（M36：7）　5. 方盒（M39：10）

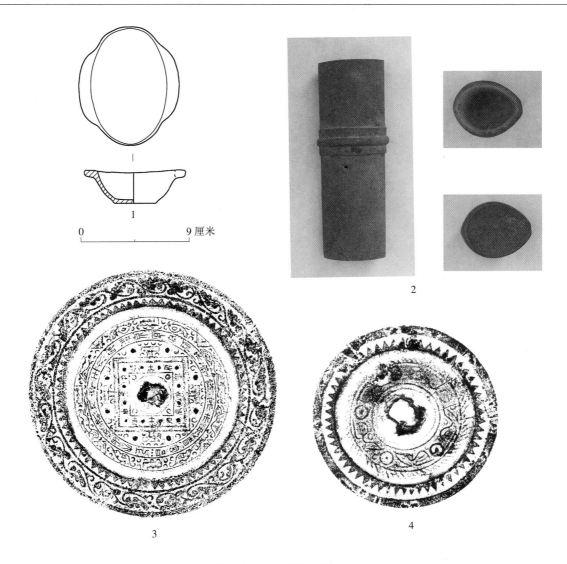

图一三一　M39 器物

1. 陶耳杯（M39：18）　2. 铜镦（M39：29）　3、4. 铜镜（M39：1、M39：28）

2. 铜器

铜镦　标本 M39：29，直筒形，截面桃形，平底，中段有箍。残高 11 厘米（图一三一，2）。兵器铍长柄末端的金属套。

铜镜　2 件。标本 M39：1，直径 14.3 厘米（图一三一，3）。标本 M39：28，直径 6.5 厘米（图一三一，4）

铜钱　40 枚，均为汉代五铢钱。

二十九　M44

M44 位于双庙砖厂西侧、东小屋村东，该墓坐北朝南，开口于②层下，方向为 185°。该墓是在南水北调取土过程中被发现，我们及时进行了抢救性发掘清理。

该墓早期被盗掘，保存较差，墓道、墓门和墓顶均被破坏。

（一）墓葬结构

M44 为一座带墓道砖砌双室墓，由墓道、墓门、前室和后室组成（图一三二，图一三三）。皆以绳纹青砖砌成，墓砖规格为 30×15×5 厘米。

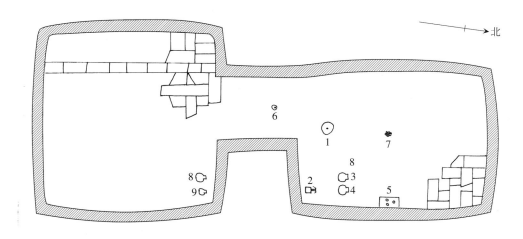

图一三二　M44 平面图

1. 墓道

墓道因在取土过程中被破坏殆尽，故结构不详。

2. 墓门

墓门被破坏，结构不详。

3. 前室

前室平面呈正方形，室长 2.3 米，宽 2.3 米，高度不详。墓顶结构不详。墓室地面平铺青砖。

4. 后室

后室平面呈长方形，长 2.5 米，宽 1.7 米，高度不详。墓顶结构不详。

墓室地面有不规则铺地砖，为青砖平铺而成。

（二）随葬品

该墓出土器物共 9 件，其中陶器 6 件，铜器 1 件，铅器 1 件。另出土铜钱数枚。

1. 陶器

6 件，有陶井、陶灶、陶罐 3 种。

图一三三　M44 发掘现场

陶井　标本 M44：2，器残。井栏与井筒合为一体，平底，筒腹束腰。井架上有井亭。高 25 厘米（图一三四，2）。

陶灶　标本 M44：5，泥质灰陶。灶面为长方形。由灶和釜组成。灶身前壁有拱形火门。灶台上面有两个圆孔，灶面上饰炊具，四边各饰弦纹一周。灶长23.5、宽16.5、高8厘米（图一三四，1）。

陶罐　4件。标本M44：8，盘口，方唇，鼓腹，平底。腹部饰凸弦纹一周。口径13.5、底径13.5、高15厘米（图一三四，4）。标本M44：3，直口，方唇，鼓腹，平底。泥质灰陶，素面。口径10.5、底径9.2、高17厘米（图一三四，3）。

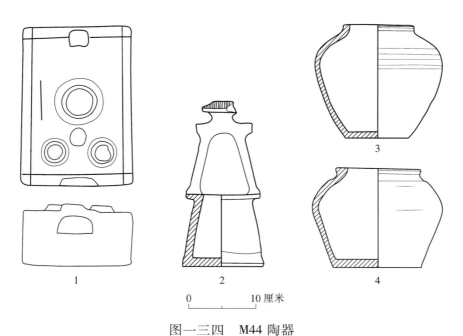

0　　　　　10厘米

图一三四　　M44 陶器
1. 陶灶（M44：5）　2. 陶井（M44：2）　3. 陶罐（M44：3）　4. 陶罐（M44：8）

2. 铜器

铜镜　标本M44：1，圆形，圆纽。表面腐蚀严重，纹饰看不清楚，有裂纹。直径10厘米（图一三五，1）。

铅镜　标本M44：6，圆形，圆纽，有裂纹。直径7.5厘米（图一三五，2）。

图一三五　　M44 出土镜子
1. 铜镜（M44：1）　2. 铅镜（M44：6）

第三章　北朝墓葬

发现三座，M48 为东魏时期，M17 和 M50 为北齐时期。

一　M48

M48 位于双庙村西南 600 米，该墓坐南朝北，方向为 190°。墓葬在取土过程中破坏严重，基本看不出墓葬原貌，所以开口层位不详。

（一）墓葬结构

M48 为一座弧方形砖砌单室墓（图一三六），由墓道和墓室两部分组成。墓砖全为绳纹青砖，长 30 厘米、宽 15 厘米、厚 5 厘米。

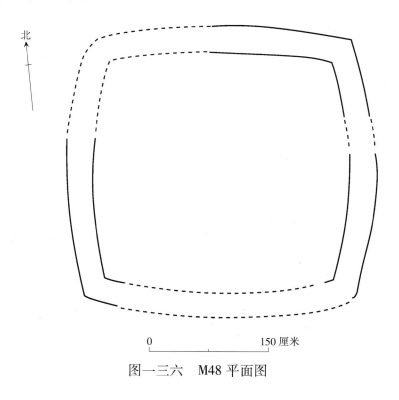

北

0　　　　　　　　150 厘米

图一三六　M48 平面图

1. 墓道

墓道已在取土过程中被破坏掉，结构不详。

2. 墓室

墓室平面略呈方形，最宽处南北、东西均为 5.5 米，四壁作弧形外凸，用一丁二顺法砌筑（图一三七，图一三八），残存高 2~4 米。

图一三七　M48 墓室

图一三八　M48 西壁

（二）随葬品

该墓葬早期被盗扰，现在取土破坏严重，出土器物较少，能辨认出形状的陶俑有 8 件。还有俑头 15 件、马头等残片。

侍从俑　标本 M48：1，立像，头残，双手下垂，广袖。残高 17.5 厘米（彩版十一）。

侍卫俑　标本 M48：2，立像，头残，双手合于腹前，广袖。残高 14 厘米（彩版十一）。

笼冠俑　标本 M48：3，立像，头残，双手下垂，广袖。残高 18.3 厘米（彩版十一）。

笼冠俑头　9 件。标本 M48：6，笼高冠，高 7 厘米，（彩版十一）。

侍卫俑头　6 件。标本 M48：7，高 7 厘米，（彩版十一）。

骑马俑　2 件。标本 M48：4 - 1，头残，马也残。残高 10 厘米（彩版十二）

武士俑　标本 M48：4 - 2，头戴兜鍪，身穿铠甲，残高 10 厘米（彩版十二）。

陶马头　5 件。标本 M48：5，头戴笼头（彩版十二）。

陶鼓　3 件。标本 M48：8，直径 4 厘米（彩版十二）。

二　M17

（一）墓室结构

此墓（编号 CSM17）为砖砌单室墓，坐北朝南，方向南偏西 195°。由墓道、甬道和墓室三部分组成，南北总长 10 米，东西宽 5 米，墓底距现地表 2.5 米（图一三九，图一四〇）。

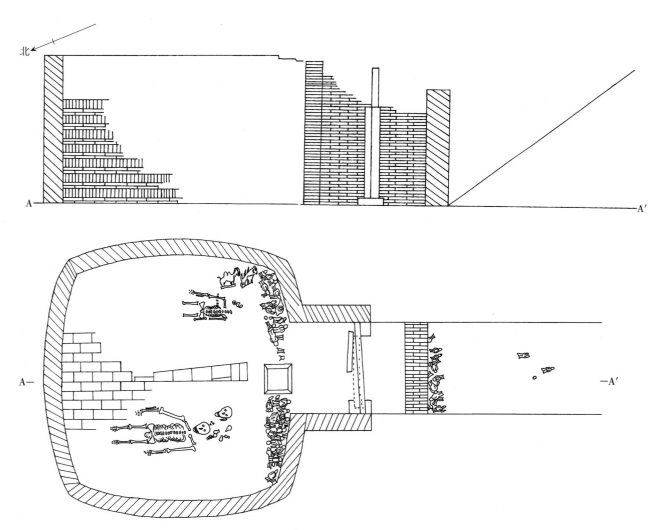

图一三九　M17 平、剖面图

1. 墓道

墓道底呈斜坡状，全长 3.1 米，墓道壁垂直，墓道上口、下口均宽 1.6 米，北端深 2.3 米。

2. 墓门

墓道北接甬道，甬道长 2.1、宽 1.6 米，为砖砌结构，与墓道的宽度相等。

甬道内砌筑有一道封门墙，最南边接墓道为砖砌墙，厚 0.4 米（图一四一，1）。

往北 0.7 米处有一道石门，为青石材质，由半圆形石门楣、两根方形石柱、两扇长方形石门、两个门墩和石门槛组成（图一四一）。石门等构件皆为素面，无纹饰。门楣宽 1.7 米，正中高 0.74 米，厚 0.12 米。每扇石门长 1.47 米，宽 0.61 米，厚 0.12 米。铁门上有两个铁环，有一长 40 余厘米的铁锁相连。甬道上方券顶结构被破坏，应为拱券形。

甬道两壁有壁画的痕迹，但是已全部脱落，基本看不到。

图一四〇　M17 全景

3. 墓室

墓室平面略呈方形，最宽处南北长 4 米，东西宽 4.3 米，四壁作弧形外凸，用一丁二顺法砌筑（图一四二，1），残存高 2.5 米，从现存的墓室四壁形状来看，似为穹隆顶，高度不明。墓室西部有砖砌棺床，高出墓底 0.23 米，床面上抹有厚约 1.5 厘米的白石灰，棺床长 3.8 米，宽 2.1 米，为南北行错缝青砖铺就，棺床东壁又贴砌一行顺砖（图一四二，2）。墓底采用青砖铺砌，墓砖全为绳纹青砖，墓砖规格为 35×18×5 厘米。

墓室四壁壁画由于曾经长时间遭到水浸脱落严重，仅见墓室西壁紧贴棺床部分壁画痕迹，非常模糊，无法辨认。此墓壁画做法先用细沙土抹 2 厘米厚，然后用白石灰水涂抹一层，最后用矿物质颜料进行彩绘，据采集到的彩绘零星残片，可以看出原有红、黑、黄等颜色，但无法窥知其内容。

（二）人骨

该墓棺椁葬具已腐朽，不见踪迹，在棺床上发现一具男性骸骨，较为完整。在其头颅旁边还发现一个女性头颅，肢骨、肋骨等不见。发掘过程中在棺床东侧发现一具女性骸骨，无头，躯体保存较好，可知为墓室进水后飘散所致（图一四三）。为男女合葬墓。

（三）随葬品

该墓葬早期虽被盗扰，但出土器物仍较丰富，完整及能修复的有 163 件（套）（图一四四）。除极少数陶俑出自墓道外，其余均出自墓室南部，原来放置位置已被多次进水及淤泥扰乱。出土随葬品以陶俑为多，其次为陶罐和动物模型，还有部分玉器及玛瑙、水晶串珠等。

图一四一　M17 墓门
1. 封门墙　2. 石门楣　3. 石门背面　4. 石门正面

图一四二　M17 墓室
1. 墓室墙壁　2. 棺床

1　　　　　　　　　　　　　　　　　　　　　2

图一四三　M17 人骨
1. 男子尸骨　2. 女子尸骨

图一四四　M17 陶俑

1. 陶俑　130 件。陶胎分红色和灰色两种，俑身和俑头系分别模制后插合。俑身外表先敷一层薄薄的白彩，然后彩绘服饰，出土时陶俑色彩鲜明，与空气长时间接触后色彩变浅，有的甚至脱落。

侍从俑　33 件。皆头戴小冠，穿交领左衽外衣，腰束带，着裤褶。

Ⅰ式 17 件。14 件完整，3 件残。高 17～25 厘米。标本 M17：1 右手微起握拳作持物状，左手下垂，藏于广袖口内，高 25 厘米（图一四五，1；彩版一四，2）。

Ⅱ式 16 件。高 18～26 厘米。15 件完整，1 件残。标本 M17：52 双手拱置胸前，作肃立恭候状（图一四五，5）。

胡俑　3 件。皆完整，高 23 厘米。标本 M17：18，头戴小帽，内穿圆领窄袖衫，外斜披套衣，腰束带，足穿靴，高鼻深目。高 23 厘米（图一四五，3；彩版一四，1）。

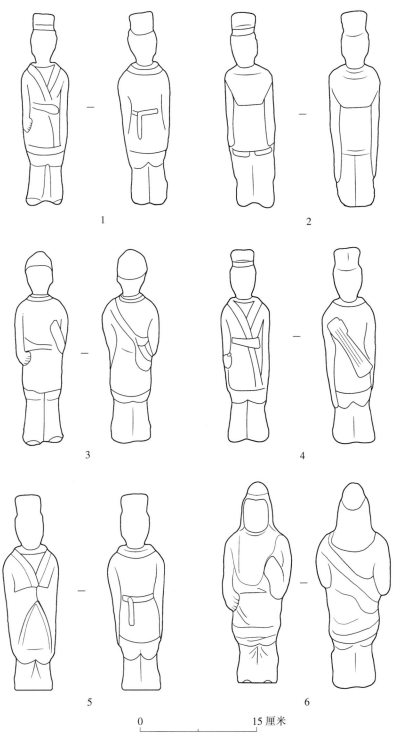

0　　　　　　　　　　　　15厘米

图一四五　M17 人俑

1. 侍从俑（M17：1）　2. 文吏俑（M17：31）　3. 胡俑（M17：18）　4. 负箭俑（M17：21）　5. 侍从俑（M17：52）6. 击鼓俑（M17：93）

　　负箭俑　10 件。皆完整，高 25 厘米。标本 M17：21，头戴小冠，穿交领左衽外衣，腰束带，着裤褶。背负箭囊，右手微起握拳作持物状，左手下垂。高 25 厘米（图一四五，4；彩版一四，4）。

　　文吏俑　11 件。7 件完整，4 件残。高 19～25 厘米。标本 M17：31，头戴小冠，身穿圆领宽袖衫，外披裲裆，腰束带，双手下垂。高 25 厘米（图一四五，2；彩版一四，3）。

女侍俑　10 件。

Ⅰ式 6 件。4 件完整，2 件残。高 18～23 厘米。标本 M17：42，头梳月牙形髻，内穿开领窄袖长衫，腰系长裙，右手下垂，左手提裙，并搭于臂上平屈在胸前。长裙内又穿筒裙，裙褶线条自然流畅，形态逼真。高 23 厘米（图一四六，1；彩版一五，1）。

图一四六　M17 人俑

1. 女侍俑（M17：42）　2. 女侍俑（M17：48）　3. 女侍俑（M17：51）　4. 风帽俑（M17：68）　5. 接盾武士俑（M17：90）
6. 接盾武士俑（M17：91）

Ⅱ式3件。1件完整，2件残。高16.5~26厘米。标本M17：48，头戴棕角形髻，身穿开领宽袖衫，双手作拱于胸前。高22厘米（图一四六，2；彩版一五，2）。标本M17：52，头戴高髻，穿开领宽袖衫，双手作拱于胸前。高26厘米（彩版一五，4）。

Ⅲ式1件。标本M17：51，头戴棕角形髻，身穿圆领窄袖长衫，左手提裙，右手下垂。高22厘米。（图一四六，3；彩版十五，3）。

风帽俑 22件。16件完整，6件残。高15~23厘米。标本M17：68，皆头戴风帽，身穿朱红、白色领口系结套衣，两袖空垂，双手隐拱于胸前，下着裤。高23厘米（图一四六，4；彩版一六，2）。

按盾武士俑 3件。2件完整修复，1件仅剩头部。标本M17：90、标本M17：91，头戴金鍪，鍪中间起棱，前有冲角，两侧有耳护。面部肌肉丰满，高鼻大目，略带微笑。身披明光铠，胸前左右有椭圆形护胸镜，穿圆领上衣，领前有花结。腰间束带。肩有护膊，腿裹甲裙，右手握物已失，左手按兽首长盾。高54厘米。（图一四六，5、6；彩版一六，1、3、4）。

击鼓俑 17件。14件完整，3件残。高19~25厘米。标本M17：93，头戴红色风帽，内穿圆领长袖衫，左斜披套衣，腰束带，着裤褶。腹前置扁圆鼓（已丢失），双手屈举作击鼓状（图一四五，6）。

踞坐俑 1件。修复。标本M17：110，头梳月牙形髻，穿交领宽袖衫，腰系长裙，作踞坐执事状。高15厘米（图一四七，3；彩版一七，3）。

女仆俑 1件。残。标本M17：111，头缺失，身穿开领交衽外衣，蹲于地上，双手捧簸箕作持物状，高8厘米（彩版一七，4）。

持盾俑 11件。10件完整，1件残。标本M17：112，头扎巾，身穿开领交衽长袖衫，腰束带，右手执物已失，左手持盾于身前。高18.5~25厘米（图一四七，2；彩版一七，2）。

侍卫俑 8件。7件完整，1件残。标本M17：126，头扎巾，身穿翻领交衽长衣，腰束带，右手执物已失，左手下垂，着裤褶，高20~24.5厘米（图一四七，1；彩版一七，1）。

陶镇墓兽 1件完整，标本M17：123，为人面，高46厘米。昂首蹲踞，背脊有三撮鬃毛，尾上卷，顶有冲天戟，着红彩，作蹲坐状。该墓还清理出狮面镇墓兽，可惜已残碎（图一四七，4；彩版一八，1）。

陶牲畜 5件。

陶牛 1件。标本M17：124，缺角和耳。高24、长35厘米。背饰彩披，通身赭红。长角后竖，昂首瞪目，抬头耸肩，体态健壮，似为公牛（图一四七，5；彩版一八，2）。

陶骆驼 1件。标本M17：125，腿残。高36、长35厘米。小耳，短尾。通体驼色，头高昂，四腿直立。背负帐具及白色丝绸，旁挂酒瓶、皮囊和粮袋等，通体施红彩（彩版一八，3）。

陶猪 1件。标本M17：137，完整。长18厘米。为典型的野猪形态，作卧伏状（图一四七，6；彩版一八，5）。

陶狗 2件。完整。标本M17：138，长10厘米。标本M17：139，长13厘米。皆屈头，伏卧地上，通体施白彩，细部用黑线勾画，侧卧喂小狗崽（彩版十八，4、6）。

2. 陶模型器 5件。

陶仓 1件。标本M17：134，完整。高19、底径10厘米。凸棱圆锥形盖状顶，顶尖有一纽，仓体略呈圆筒状。仓盖施白彩，仓体下饰红彩。（图版三，4）。

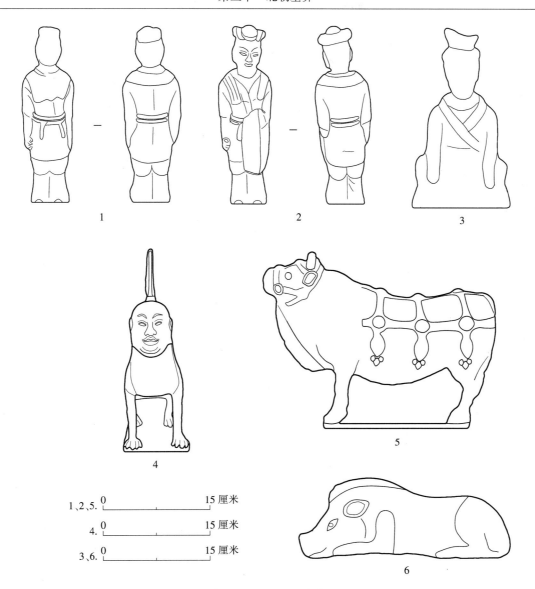

图一四七　M17 陶俑

1. 侍卫俑（M17：126）　2. 持盾俑（M17：112）　3. 跪坐俑（M17：110）　4. 镇墓兽（M17：123）　5. 陶牛（M17：124）　6. 陶猪（M17：137）

陶磨　1件。完整。高11、底径9.5厘米。上磨盘有2孔，磨盘与底座均为扁圆形。

陶灶　1件。标本M17：136，完整。高15厘米。前有灶口，灶门墙向上逐级内收，灶台上放置釜（图版三，5）。

陶碓　1件。标本M17：140，完整，长20厘米。通体施白彩，臼边模印有瓢、笤帚等物件。（图版三，3）。

陶井　1件。标本M17：144，完整。边长10厘米。通体施白彩，呈方框形。井口栏作"井"字形，交接处各有一扁圆饰，似钉帽状。底座呈方形，四角起凸棱。均施白彩。（图版三，2）。

3. 陶器　10件。

陶砚　1件。标本M17：145，直径14厘米。为灰陶器，圆池，内底上凸。有六足，足有兽头装饰，池内凸起（图版三，1）。

陶盘　2件。完整，标本 M17：161、标本 M17：162，圆形，敞口，圆唇，宽折平沿，折腹，腹较浅，大平底，盘内平均分布四周凹棱。盘内涂红色朱砂。口径23.5、底径12.5、高3.5厘米（彩版二〇，3、4）。

陶壶　7件。标本 M17：146，喇叭口，束颈，鼓腹，平底。泥质灰陶，素面。口径5、底径6、高15厘米（图一四八，1）。标本 M4：148，直口稍外侈，圆唇束颈，鼓腹，平底。泥质灰陶，腹部饰奥线纹一周。口径5.5、底径6、高15厘米（图一四八，3）。标本 M4：150，束颈，鼓腹，平底。泥质灰陶，素面。口径5.5、底径6、高15厘米（图一四八，4）。标本 M4：152，束颈，鼓腹，平底。泥质灰陶，颈部与腹部交接处饰凹弦纹一周，腹部上部饰凹弦纹两周。口径9、底径7、高22.5厘米（图一四八，2）。

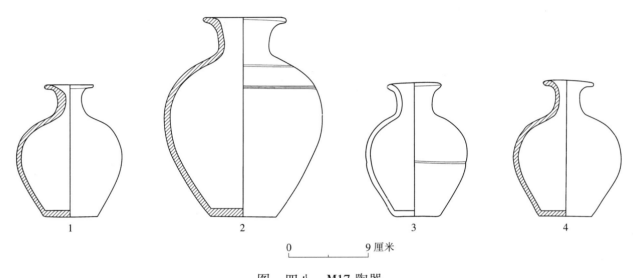

0　　　　　　9厘米

图一四八　M17 陶器
1. 壶（M17：146）　2. 壶（M4：152）　3. 壶（M4：148）　4. 壶（M4：150）

4. 玉贝器

扇贝饰　标本 M17：143，完整。长5~7厘米，有4组。贝体发白，上有小孔，推测为当时的饰物（彩版二〇，6）。

玉饰件　标本 M17：153，完整。4片，玉质发绿，其中玉璜和玉佩各2件（图一四九，1~4；彩版十九，5）。

玉璜　标本 M17：153-1、2，半圆片状，素面，两端钻有一孔。

玉佩　标本 M17：153-3，总体呈三角形，上部及两角圆润。两底边角向内弯似钩，底边成"人"字弧形，下方三孔部外凸，孔间往里凹，使整体形状极具美感。上方孔两旁琢成两道凹槽。标本 M17：153-4，上部钻一孔，上部、两边圆弧成五条弧形边，底边平直，上顶钻一孔，旁琢两道凹槽，并钻三孔。

玉猪　1件。标本 M17：154，完整。长3.3、高1.6厘米。为卧伏状，形象憨态可掬（彩版十九，6）。

兽首饰件　1件。标本 M17：155，完整。长3.5厘米。琥珀质地，通体颜色暗红、黄（彩版二〇，5）。

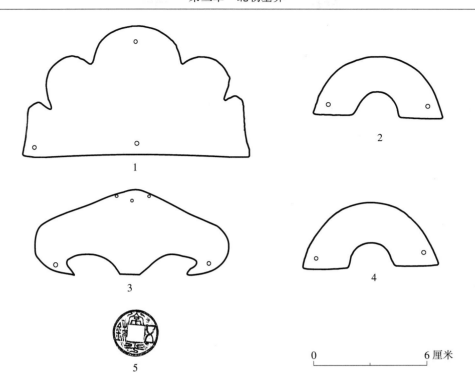

图一四九　M17 玉饰件与常平五铢
1~4. 玉饰件（M17：153）　5. 常平五铢

串珠　标本 M17：159，是男性墓主人所用，有 117 颗。标本 M17：158，为女性墓主人所用，有 48 颗。材质为玛瑙、水晶及木质等。有红、白、黑、蓝等色。颜色鲜艳，制作工艺精良（彩版十九，1、4）。

5. 金属器

铁镜　2 面。完整，标本 M17：141，直径 19 厘米。标本 M17：142，直径 12.5 厘米，镜面锈迹斑斑，纹饰无法辨识（彩版二〇，1、2）。

金钗　4 件。标本 M17：156，完整。长 5 厘米。颜色金黄，分量较重，推测当为墓主人生前所用之物（彩版十九，3）。

铁剑　标本 M17：157，残。长 95 厘米。剑为铁铸，剑鞘为木质，间隔装饰有铜环（彩版十九，2）。

铜钱　完整，共 11 枚，为"常平五铢"钱（图一四九，5）。

7. 墓志　1 盒 编号 M17：160。青石材质。长、宽均为 52 厘米。

志盖盝顶，盖上左右边之中有 2 个铁环（图版四，2），边沿无纹饰，盖上篆书铭文"齐故怀州刺史周公铭"（图版四，1）。

志石面上，刻有志文，共 27 行，行 27 字，全文约 729 字（彩版二一；图版五，六）。字体为魏碑体。

志文录文如下：

齐故使持节都督怀州诸军事骠骑大将军怀州刺史周君墓志铭

君讳超字荃仁汝南安城人也自高禖降祉平林表异肇创惟新之业

始粒精民之口祖镇都大将父范阳高阳二郡太守世笃忠贞光辅魏

室君育德蓝田滋华未水岐巍夙成机神早立预玄之岁鸡鹄有声对

曰之季驹鹊等誉然孝乎天性辟真松之有心斯文在斯频劲篠之加羽故登山逾峻学海方深既穷性道尤工彫绢外高能赋时楫凌云之解席上称环每蘩动神之论季十八释褐奉朝请转司空田曹嘱天岁方敢帝图中圯千国未除戒寄斯忉乃于君为大行台左丞及王略载请殊方顺朝入为散骑常侍豫州大中正便烦紫开顾步丹塀占对闲华姿仪有则於是丝渝起誉剧替收归出为颍川太守皇齐吏禅除大尉琢行西河郡事政先广寡化兼顾猛既富而教暮月有成不令而泛迈成踩之小论善言斯应究居室之深辨转应赢并二州司马还太中大夫电组登朝飞缨就逊影如云鹤暖似神仕真所谓龙输凤翼缙绅摸楷丙与善茫昧福谦或大未穷人爵之尊儇同良木之坏岁星今见宋漠君平之占田驷方乘连翩殷相之后于大齐武平三年四月八日死于第时年七十有四

诏赠使持节都督怀州诸军事骠骑大将军怀州刺史于武平四年岁次癸巳二月丁酉月十三日已酉葬于邺城际陌河之各武城西北三里前瞻皇开望百难之纤馀傍眺京山带千峰之麓律而业田骤恍陵谷贺还故夲彫诅游童靡记乃利兹玄石永彰痕芙其词曰

眰土还家国生命氏高人迟出英丰开峙猗欤若人应兹洲芙粘逾百练骏同千里渐陆未飞在阴斯俟珪璋有质君子斯文还横流略渔价与愤高情会理雄心出群时擒尽蓁庄思无垠泓澄德水老峨庆云随荆比色栦兰愧芬区彼威凰敢翼未宝我如桃李弓书境臻曳裾东阁□缨北辰共治汾浦分竹颖□不能不敢惟猛惟循福流京邑嗯加细□轻尘易邙人生如寄永铅未终云亡奄暨青鸟告远玄宫乃位见曰□□三千永□山云□□松风晚驶无绝□古难馀教义

三　M50

M50 位于双庙村正南、南水北调渠线西侧，该墓坐南朝北，方向为 190°。开口层位不详。墓葬保存状况不佳，墓道、墓门和四壁均遭到不同程度的破坏。早年曾被盗掘。

（一）墓葬结构

M50 为一座方形砖砌单室墓，由墓道、墓门和墓室组成（图一五〇），墓砖全为绳纹青砖，墓砖规格为 35×15×5.5 厘米。

1. 墓道

墓道已在取土过程中被破坏掉，结构不详。

2. 墓门

墓门位于墓室北壁正中，宽 1.2 米，残高 1.3 米，仅残存东部石门框及石门。

3. 墓室

墓室平面略呈方形，最宽处南北、东西均为 4.2 米，四壁作弧形外凸，用一丁二顺法砌筑，残存高 1.3 米。墓顶结构不详。墓室西部有棺床，棺床长 3 米，宽 1.7 米，为错缝青砖铺就。墓室地面有铺地砖，为青砖平铺而成。

（二）随葬品

该墓葬早期虽被盗扰，但出土器物仍较丰富，完整与复原的有 59 件，均出自墓室东部。出土随葬品以陶人俑为多，其次为陶罐、陶碗、瓷器和模型明器等。

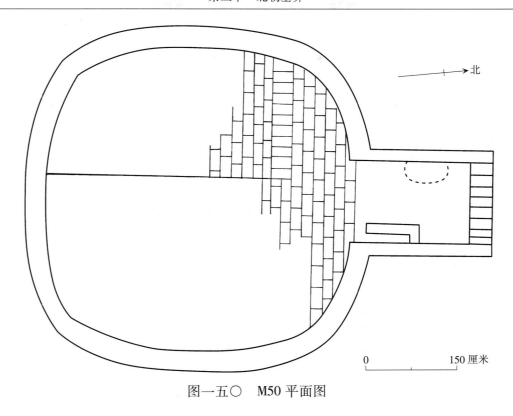

图一五〇　M50 平面图

1. 陶俑

有人俑，动物俑。陶胎分红色和灰色两种，俑身和俑头系分别模制后插合。俑身外表先敷一层薄薄的白彩，然后彩绘服饰，出土时陶俑色彩鲜明，与空气长时间接触后色彩变浅，有的甚至脱落。

侍从俑　8 件。标本 M50：1，头戴小冠，穿交领外衣，广袖，腰束带，着裤褶。双手合于腹前。高 24.5 厘米（图一五一，1；彩版二二，1）。

侍卫俑　7 件，标本 M50：2，右手微起握拳作持物状，左手下垂，藏于广袖口内，高 25 厘米（图一五〇，2；彩版二二，2）。M50：3，穿甲，双手下垂，高 24.5 厘米（图一五一，3；彩版二二，3）。

击鼓俑　4 件。标本 M50：4，头戴红色风帽，内穿圆领长袖衫，左斜披套衣，腰束带，着裤褶。腹前置扁圆鼓，双手屈举作击鼓状。高 25 厘米。（图一五一，4；彩版二二，4）。

胡俑　标本 M50：6，头戴小帽，内穿圆领窄袖衫，外斜披套衣，腰束带，足穿靴，高鼻深目。高 23.5 厘米（图一五一，6；彩版二二，6）。

文吏俑　标本 M50：5，头戴小冠，身穿圆领宽袖衫，外披裲裆，腰束带，双手下垂。高 25.5 厘米（图一五一，5；彩版二二，5）。

持盾武士俑　标本 M50：7，头残，右手握物已失，左手持长盾。残高 19 厘米。（图一五二，1；彩版二三，3）。

女侍俑　2 件。标本 M50：8，头着月牙形髻，内穿开领窄袖长衫，腰系长裙，右手下垂，左手提裙，并搭于臂上平屈在胸前。长裙内又穿筒裙，裙褶线条自然流畅，形态逼真。高 23.5 厘米（图一五二，2；彩版二三，4）。

风帽俑　9 件。标本 M50：9，头皆戴风帽，身穿朱红、白色领口系结套衣，两袖空垂，双手隐拱于胸前，下着裤。高 23.5 厘米。（图一五二，3；彩版二三，5）。

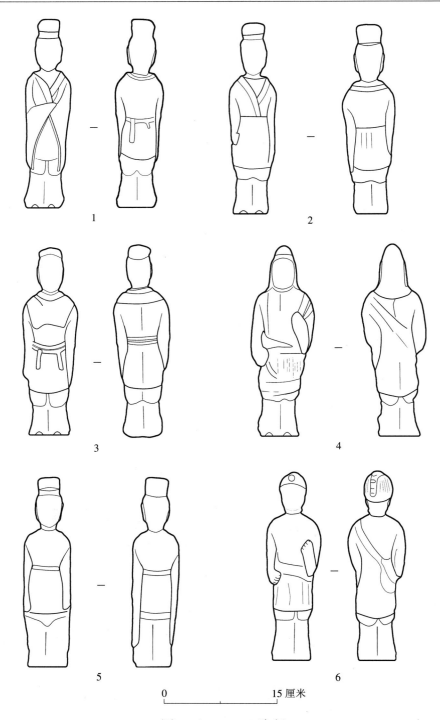

图一五一　M50 陶俑

1. 侍从俑（M50：1）2. 侍卫俑（M50：2）3. 侍卫俑（M50：3）4. 击鼓俑（M50：4）　5. 文吏俑（M50：5）　6. 胡俑（M50：6）

　　负箭俑　2 件。标本 M50：10，头戴小冠，穿交领左衽外衣，腰束带，着裤褶。背负箭囊，右手微起握拳作持物状，左手下垂。高 22.5 厘米（图一五二，4；彩版二三，6）。

　　陶猪　2 件，标本 M50：14，作卧伏状，腹下有猪仔吃奶。长 15 厘米（图一五二，5）。标本 M50：18，作卧伏状，长 17 厘米（彩版二三，2）。

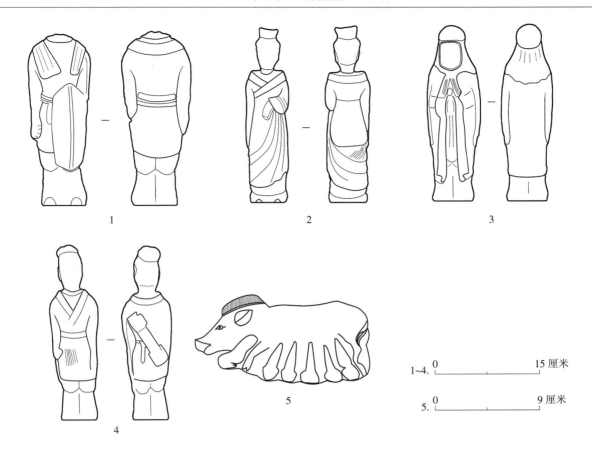

图一五二 M50 陶俑
1. 持盾武士俑（M50：7）2. 女侍俑（M50：8） 3. 风帽俑（M50：9） 4. 负箭俑（M50：10）5. 猪（M50：14）

图一五三 M50 陶器
1. 灶（M50：25） 2. 井（M50：11）3. 狗（M50：15） 4. 碓（M50：17）5. 碗（M50：21）

陶狗　标本 M50：15，作蜷缩卧状，长 11.5、高 5 厘米（图一五三，3）。

陶马　标本 M50：16，腿残。长 24.5 厘米（彩版二三，1）。

2. 陶模型明器

陶灶　标本 M50：25，残。前有灶口，灶门墙向上逐级内收，长 12、宽 9、高 9 厘米（图一五三，1）。

陶碓　标本 M50：17，通体施白彩，臼边模印有瓢、笤帚等物件。长 20、宽 8.5 厘米（图一五三，4）。

陶井　标本 M50：11，残，通体施白彩，呈方框形。井口栏作"井"字形，交接处各有一扁圆饰，似钉帽状。底座呈方形，四角起凸棱。均施白彩。边长 7、高 6 厘米（图一五三，2）。

3. 陶容器

小碗　4 件。标本 M50：19，口径 7.5、高 6.5、足高 0.6 厘米。薄唇微侈，直沿，鼓腹，弧形底，实足，足面内凹。未施釉，火候较低（图一五四，1；图一五五，1）。

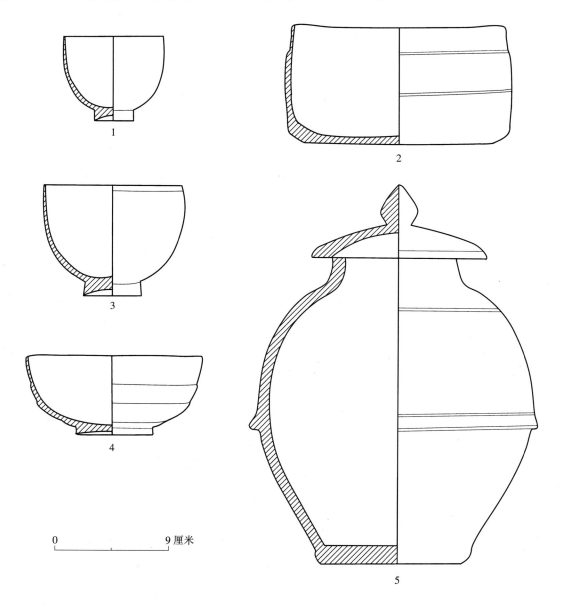

0　　　　　　　　9厘米

图一五四　M50 陶瓷器

1. 陶碗（M50：19）　2. 盒（M50：23）　3. 陶碗（M50：20）　4. 碗（M50：21）　5. 盖罐（M50：12）

　　大碗　4件。标本 M50：20。红陶白衣，口径 11、高 9、足高 0.8 厘米。薄唇微侈，直沿，鼓腹，圜底，实足，足面内凹。未施釉，口下有弦纹，火候较低（图一五四，3；图一五五，2）。

　　弦纹碗　标本 M50：21，淡红色，圆唇，深腹，圜底，实足较矮。壁外两周弦纹。火候中等，质地一般。高 6、口径 13 厘米（图一五三，5；图一五四，4）

　　盒　标本 M50：23，红陶白衣，直筒形，平底，子母口。直径 5、高 9 厘米（图一五四，2；图一五五，3）。

　　盖罐　4件。标本 M50：12，红陶白衣，鼓腹，有腰沿，平底，有盖，盖中心有桃形捉手。高 30厘米（图一五四，5；图一五五，4）。另有 3 件器盖修复，编号 M50：13，形态同，直径 13.5 厘米。

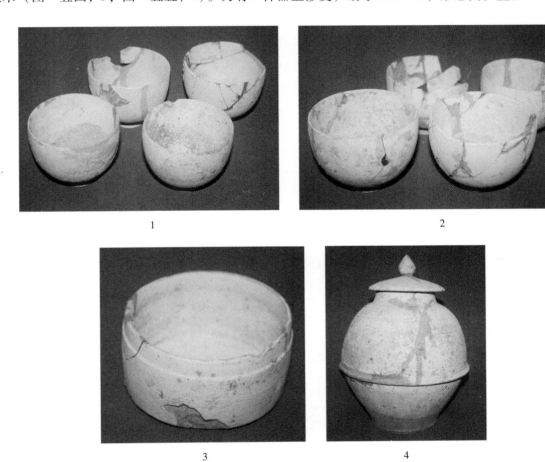

1　　　　　　　　　　　　2

3　　　　　　　　　　　　4

图一五五　M50 陶瓷器
1. 陶碗（M50：19） 2. 陶碗（M50：20）3. 盒（M50：23）4. 盖罐（M50：12）

　　4. 瓷器

　　盘口壶　标本 M50：22，圆唇，盘口，长颈，扁腹，圈足。圆盖，外平边，内塌凹，中心一桃形捉手。青釉，下腹和底足无釉，盖内面无釉。直径 11、高 6 厘米（彩版二四，1）。

　　砚　标本 M50：24，圆盒形身，中起高台，环形池，6 蹄形足，足上段是模糊的兽面。青釉，满釉，足面也有釉，台上有支钉痕，外底中心无釉。长 12、宽 9、高 9 厘米（彩版二四，2）。

第四章　唐宋墓葬

唐墓 4 座，M15、M45、M46、M47。宋墓 3 座，M40、M41、M42。

一　M15

M15 位于双庙砖厂南侧、东小屋村东，南北向，开口于②层下，方向为 190°。墓葬已遭到破坏，券顶不复存在。

（一）墓葬形制

M15 为一座长方形土坑单室墓，墓葬长 2.4 米，宽 1.2 米，高 1.9 米。券顶已被破坏，没有封门砖和铺地砖。

（二）人骨

墓室偏北处发现人骨一具，仰身直肢，男性。

（三）随葬品

白瓷碗　3 件。形制相同。标本 M15：1，浅红色胎，内壁施白釉，釉色偏黄。圆唇，斜直壁，宽圈足。口径 13.5、高 4 厘米（图一五七，1；彩版二五，1）。标本 M15：2，口径 19、高 4.5 厘米（彩版二五，2）。标本 M15：3，碗底墨书有"王"字。口径 19.5、高 7 厘米（图一五七，2；彩版二五，3）。

瓷罐　1 件。标本 M15：4，浅黄色胎，施青釉，釉不均，底无釉。圆唇，直口，直颈，溜肩，鼓腹，宽圈足，双系（残）。口径 12.5、高 21.5 厘米（彩版二五，4）。

铜钱　1 枚，开元通宝，直径 2.3 厘米。

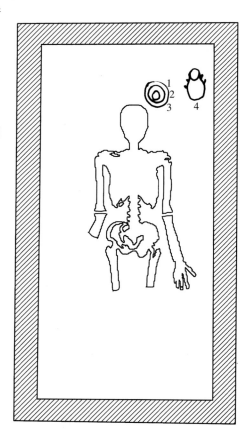

北

0   60 厘米

图一五六　M15 平面图

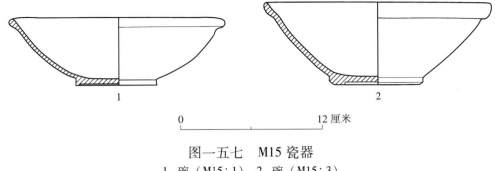

图一五七　M15 瓷器
1. 碗（M15：1）　2. 碗（M15：3）

二　M45

M45 位于取土场南部，民有渠北、小铁路南侧。墓葬坐北朝南，②层开口，方向为南偏西 190°。

（一）墓葬结构

该墓为带墓道砖砌单室墓，由墓道和墓室组成（图一五八）。皆以素面青砖砌成，墓砖规格为 31×15×5 厘米。

1. 墓道

墓道位于墓室南侧，因破坏属于抢救性发掘，故结构不详。

2. 墓室

墓室平面呈南北向长方形，墓室东西壁呈弧形，墓室底部用青砖错缝平铺一层。

（二）人骨

因该墓破坏严重，骨架散乱，个体数不详。

（三）随葬品

该墓出土器物 2 件，其中陶罐 1 件，墓志 1 盒。

陶罐　标本 M45：1，灰陶，圆唇，鼓肩，平底。口径 10、高 18 厘米（图一五九）。

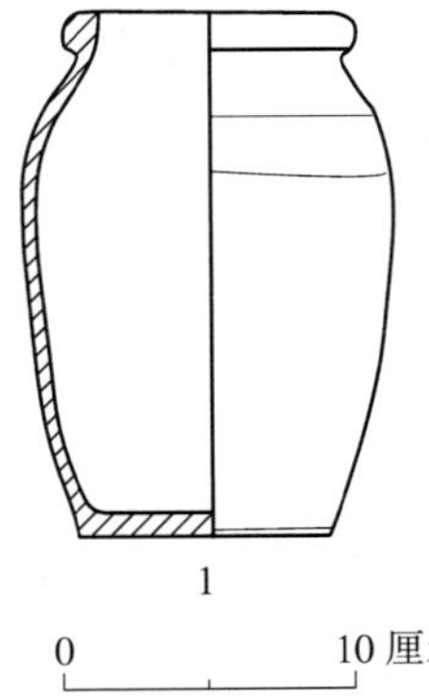

墓志，M45：2，青砖质地，由志盖和志石两部分组成，志盖为盝顶形。志石边长 37.5 厘米，高 6 厘米。志文楷书，系用毛笔墨书，计 14 行，满行 21 字（彩版二六，1）。首行书"大唐故张府君墓志铭并序"，

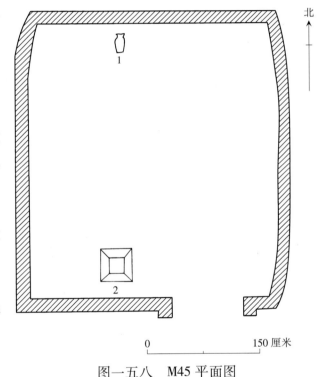

图一五八　M45 平面图

图一五九　M45 陶罐
（M45：1）

字迹绝大多数已经漫漶不清。志载，他是南阳人，死于唐神龙年间，与夫人合葬于武邑村北。

三　M46

M46 位于双庙砖厂西侧、东小屋村东，其南为 M24、东侧为砖厂，坐北朝南，方向为正南北向。开口层位不详。墓葬保存状况较差，墓顶已基本被破坏，而且早年曾被盗掘。

（一）墓葬形制

该墓为一座带墓道砖砌单室墓，由墓道、墓门和墓室组成（图一六〇）。皆以素面青砖砌成，墓砖规格为 32×17×5 厘米。

1. 墓道

墓道因位于临时道路下方，没有发掘清理，故结构不详。

2. 墓门

墓门位于墓室南壁正中，发掘时，没有发现封门砖。

3. 墓室

墓室平面呈方形，直壁残高 1.5 米，为"三平一竖"式叠压砌筑而成。墓室有铺地砖，为错缝平铺而成。墓室北部有棺床。棺床宽 1.32 米，高 20 厘米，为青砖错缝平铺而成。

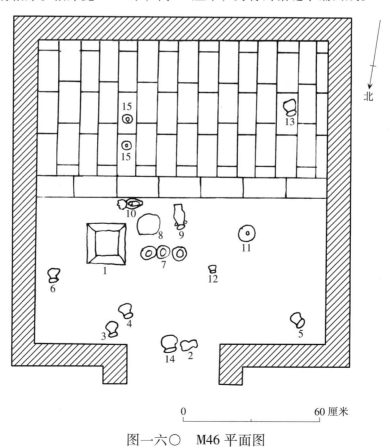

0　　　　　　　　　　　　60 厘米

图一六〇　M46 平面图

图一六一　M46 墓室器物出土状态

（二）人骨

因该墓被盗，人骨散乱，骨骼腐朽，仅存留部分骨骼，故头向、面向、葬式等不详。

（三）随葬品

该墓出土器物 14 件（套），其中陶器 8 件，瓷器 3 件，铜镜 1 枚，墓志 1 盒，另外出土铜钱 2 枚。出土陶器，质地皆为灰陶，泥料细腻，用料考究。其中出土的 2 件陶壶器身都有数道凹旋纹，陶罐则素面无装饰。出土的铜镜，完整、平面呈凸形，青铜质地，球形镜纽，带孔，带有绿绣斑，腐蚀严重，纹饰依稀可辨为海兽葡萄纹。出土的 2 枚铜钱为开元通宝钱。

1. 陶器

陶壶　2 件。标本 M46：2，直口，圆唇，短颈，溜肩，鼓腹，平底。口径 9.5、底径 9、高 27 厘米（图一六二，1；图一六三，5）。

陶壶　标本 M46：3，直口，圆唇，短颈，溜肩，鼓腹，平底。口径 13.5、底径 11.5、高 37.3 厘米（图一六二，3；图一六三，4）。

陶盘　7 件。标本 M46：7，圆唇，斜直壁，浅腹，平底。口径 15.8、底径 13、高 3 厘米（图一六二，4；图一六三，3）。

陶罐　5 件。标本 M46：6，盘口，圆唇，窄肩，上腹略直，下腹敛收，平底。口径 12、底径 9.6、高 18 厘米（图一六三，2）。

陶罐　标本 M46：14，直口，圆唇外斜，上鼓腹，平底。颈部饰线纹一周。口径 12.8、底径 8.6、高 16.8 厘米（图一六二，2）。

陶罐　标本 M46：13，直口，圆唇外斜，上鼓腹，平底。颈部饰线纹一周。口径 11.6、高 16.3 厘米（图一六三，1）。

2. 瓷器

砚滴　标本 M46：10，整体呈一鹅衔花口盏状，鹅身肥润，曲颈回首衔一六瓣葵口盏。鹅无足，体空，同盏相通。杯大部施淡白釉，鹅颈、羽毛施绿釉，盏内壁间施黄、绿釉。高 7 厘米（彩版二八，1）。

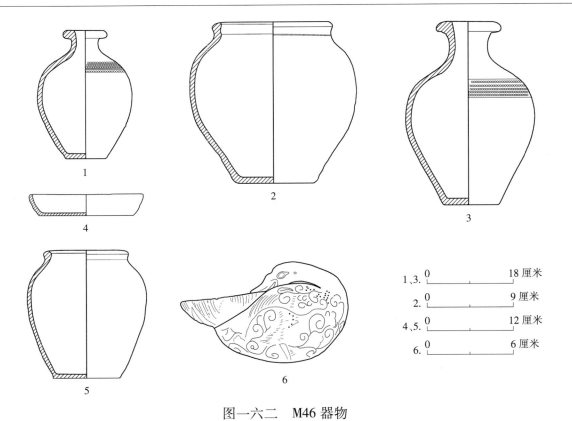

1、3.	0	18 厘米
2.	0	9 厘米
4、5.	0	12 厘米
6.	0	6 厘米

图一六二　M46 器物

1. 陶壶（M46:2）　2. 陶罐（M46:14）　3. 陶壶（M46:3）　4. 陶盘（M46:7）　5. 陶罐（M46:6）　6. 砚滴（M46:10）

图一六三　M46 器物

1. 陶罐（M46:13）　2. 陶罐（M46:6）　3. 陶盘（M46:7）　4. 陶壶（M46:3）　5. 陶壶（M46:2）

瓷钵　标本 M46：8，白胎，褐釉，半釉。敛口，口外肩上有弦纹三圈，鼓肩，小平底。口径 13.5、高 12.5 厘米（彩版二八，2）

双系壶　标本 M46：9，褐釉，脱落，下腹和底足无釉。盘口，细颈，溜肩，鼓腹，圈足，对称双条系。口径 5.3、高 17 厘米（彩版二七，1）。

墓志　M46：1，青砖质地，方形。

毛笔墨书，字迹漫漶严重（图一六四；彩版二六，2），第一行有"大唐故处文曰府君"，第二行有"君讳善进"，第十行"享年七十七"，等字。

图一六四　M46 墓志局部

3. 铜器

铜镜　标本 M46：11，圆形，圆纽，海兽葡萄纹。直径 10 厘米（彩版二七，2）。

铜钱　2 枚。皆开元通宝，标本 M46：12，直径 2.5 厘米（图一六五）。

四　M47

M47 位于取土场南部，民有渠北、小铁路北侧，该墓坐北朝南，方向为 180°。由于受破坏较严重，故开口层位不详。

（一）墓葬结构

M47 为一座带墓道砖砌单室墓，由墓道、墓门和墓室组成（图一六六）。皆以绳纹青砖砌成，墓砖规格为 30×15×5 厘米。

图一六五　M46 铜钱（M46：12）

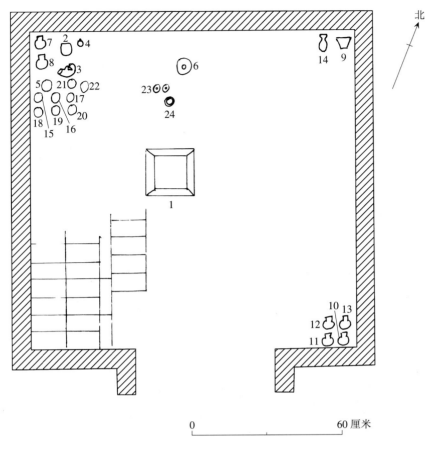

图一六六　M47 平面图

1. 墓志　2. 钵　3. 砚滴　4. 水盂　5、15～17. 黑釉盘　6. 铁镜　7. 陶壶　8、10～13. 陶罐　9. 陶盆　14. 蒜头壶
18～22. 黄釉盘　23. 铜钱　24. 铜环

1. 墓道

墓道位于墓室南侧，因破坏没有发掘清理，故结构不详。

2. 墓门

墓门呈拱券形，宽 1.2 米，直壁高 1.1 米。

3. 墓室

墓室平面呈方形，墓壁呈弧形，直壁高 0.5 米，然后起券顶，券顶结构为轿顶式，墓室底部用青砖错缝平铺一层。墓室西北有棺床，宽 1 米，高 0.1 米，由两层青砖铺砌而成，平面呈"7"字形。

棺床位于墓室的西部、北部，宽 1 米，高 0.1 米，由两层青砖铺砌而成，平面呈"7"字形。

（二）人骨

因该墓早期被盗，骨架散乱，故个体数不详。

（三）随葬品

出土遗物共 24 件，包括陶器、铜器、铁器、瓷器等几类，其中陶器 7 件，瓷器 13 件，铁镜 1 面，铜钱 2 枚，墓志 1 盒。

1. 陶器

陶罐 5件，形态基本相同。标本 M47：10，泥质灰陶。盘口，圆唇，窄肩，上腹略直，下腹敛收，平底。素面。口径13、底径12、高22厘米（图一六七，1）。标本 M47：8，口径12、高20.5厘米。标本 M47：11，口径12.5、高1.5厘米。标本 M47：12，口径13.5、高22厘米。标本 M47：13，口径12.5、高22.5厘米。

陶壶 标本 M47：7，泥质灰陶。圆唇，曲口，束颈，外观似为大喇叭形口，实则壶口内曲。鼓肩，肩部有4周圆圈纹。通高31.5、口径12厘米（图一六七，2）。

陶盆 标本 M47：9，泥质灰陶。圆唇，平沿，敞口，斜直壁，平底。口径46、高19厘米。口沿到底部有一裂缝，旁有圆形钻孔（图一六七，3）。

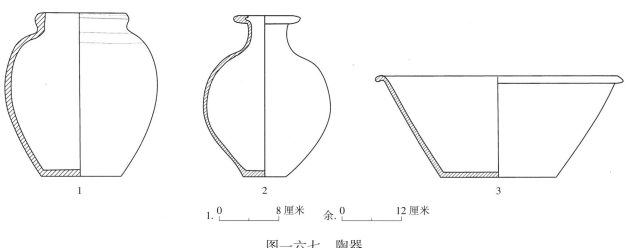

1. □□□□□□□□ 0 　8厘米　　余. 0　　12厘米

图一六七　陶器
1. 罐（M47：10）　2. 壶（M47：7）　3. 盆（M47：9）

2. 瓷器

青釉钵 标本 M47：2，灰胎较粗，器外上部施化妆土和青黄色釉，内壁刷釉较薄。敛口，圆唇，腹外鼓，小平底。口径12.5、底径8、高12.5厘米（图一六八，4；彩版二九，1）。

黑釉盘 4件。标本 M47：15，灰胎较粗，器内满釉，外壁半釉，内底有3个粗大支钉痕。器形不规整。圆唇，斜直壁，浅腹，小平底，假圈足。口径18、底径10、高3.5厘米（图一六八，1）。标本 M47：5，口径16.5、底径10、高3.5厘米。标本 M47：18，口径18.5、高4厘米。标本 M47：16，口径16.5、高3.5厘米。

黄釉盘 5件，形态相同。标本 M47：19，器形不规整。圆唇，斜直壁，浅腹，平底。器内和器表上部皆施黄釉，盘内有四个支钉痕。口径18、底径10、高4厘米（图一六八，2）。标本 M47：20、标本 M47：21、标本 M47：22、标本 M47：18皆为口径17、高3.5厘米。

青釉蒜头瓶 M47：14，灰胎，白色化妆土，青釉，底和下腹无釉，釉面光洁，有开片。圆唇，曲口，口部外张，束颈，溜肩，弧腹，平底，假圈足。口径5、高17厘米（图一六八，3，彩版二九，2）。

三彩水盂 M47：4，灰胎，通体施白、绿、黄三彩釉。盖为桃形纽（捉手），敛口，鼓肩，球腹，小平底。底边之上有粗大支钉痕3个。口径2，高4.5厘米（彩版二九，3、4）。

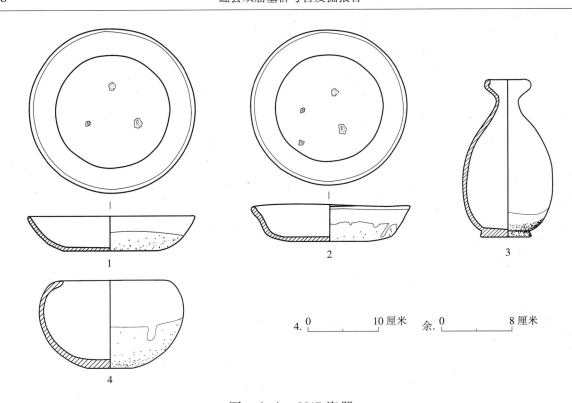

图一六八　M47 瓷器

1. 黑釉盘（M47∶15）　2. 黄釉盘（M47∶19）　3. 青釉蒜头瓶（M47∶14）　4. 青釉钵（M47∶2）

砚滴　M47∶4，通体施黄、绿彩釉。该器为相生复合造型，角、鸳鸯、植物三段。头段为角形杯，椭圆口，向后渐细弯翘成柄，表面是鱼子地纹。柄如倒状弯卷的植物，形状如油菜形或白菜形，末端急收成圆形短棍之菜根，表面浅浮雕长菜叶，延伸到器腹之下。中段器身是鸭形，两侧浮雕翅膀，翅与尾弯卷藏于菜柄之上部；身上露出一头，向后扭头，嘴贴在菜弯处。高 7.5 厘米（彩版二九，5、6）。

3. 铜器

铜环　1 件。M47∶24，直径 2.4 厘米。

开元通宝钱　2 枚。

4. 铁器

铁镜　标本 M47∶6，圆形，锈蚀严重，背部纽已经残失。直径 15.5 厘米（图一六九）。

5. 墓志

标本 M47∶1，青石质地，边长 40、高 18 厘米。由志盖和志石两部分组成，志盖为盝顶形，篆书"白君墓志"，中心有铁环（彩版三〇，1）。志文行楷，夹杂行书，多数字由于表面破损已经漫漶不清（彩版三〇，2）。

唐故房子令白君墓铭并序」

君讳普琏，□州杨曲人也，忠烈侯白起之苗裔也。若」

夫七曜齐首，□长庚于坤光；五林并列，遵太白于□」

□。斯降族于□晶，诞元宗而建望。父和组□仁义，琢」

图一六九　铁镜（正面与背面）

磨道德。君幼而聪□，长益严明。时年八十，擢受□□」
武德房子□县令。岂谓三良成烈，□□响于云台，□」
□称□，□传名于竹□。君□已矣。开□□□□永隆」
一年，岁次辛巳，正月辛未朔，□□□□□□□□」
□秋九十□□□□□□□□□□□□□□□□」
□□□□□□□十二月一日早终」□□胄秋九十」
呜呼双□□□□□□兮助□□□□年二月六日同窆」
于武□□□□□□之平原礼也□门吏伐易陵谷」
迁移敬□□□□□不朽□□□□」
太白开□□□□□□□会晶以□□□□□□贞」
□□□□□□□□君子道□百里□□□缁遇灾」
□□□□□□为范为轨□花□□□□□□□」
天□□盈洲态□德尤□□行斯在□和□□」
□□□志□皆□□□□晦□□□何乃□□」
出杨门启□地□开□□台家家荒行□□□□」
□□□春晖兮白杨永隆二年二月六日

五　M40

（一）墓葬结构

M40 为一座砖砌仿木构雕砖壁画墓，由墓道、墓门和墓室组成（图一七〇，图一七一）。墓葬②层下开口，坐北朝南，墓道略偏西南，方向为 190°。单室，皆以素面青砖砌成，墓砖规格为 31 × 15 × 4.9 厘米。

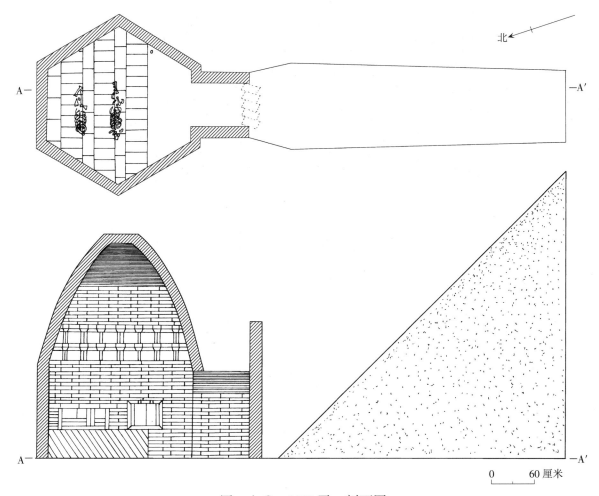

图一七〇　M40 平、剖面图

1. 墓道

位于墓室南部，斜坡式，略呈前窄后宽的梯形，接近墓门时内收，长 3.9 米，宽 0.8 ~ 1.3 米。

2. 墓门

墓门以封门砖封堵，共内外两层，外层下部为交错叠砌的菱角牙子，上部为三层横砖。内部砌横砖（图一七二）。

墓门为仿木建筑的门楼，两侧砌倚柱，柱上砌阑额。倚柱、阑额内砌出门额、立颊，门额两端各砌一方形门簪。倚柱上砌普拍枋，枋上有砖砌的三朵斗拱，均只出两跳华，无要头。门楼上有彩绘装饰，绝大部分已经脱落，可以辨认出有红、黄、黑等颜色（图一七三）。

墓门洞为拱券形，宽 0.7 米，直壁高 0.8 米。甬道长 0.8 米，宽 0.6 米，高 1.2 米。

图一七一　M40 全景

图一七二　M40 墓门

图一七三　墓门

3. 墓室

墓室平面呈六边形，后壁长 1 米，墓室最宽 2.1 米，直壁高 1.3 米，然后起券，券顶结构为六瓣截尖顶，顶部用砖封盖（图一七四）。

图一七四　M40 墓顶

墓室周壁饰砖雕图案，六隅用砖砌仿木倚柱，倚柱上砌阑额。阑额上砌普拍枋，柱头上砌转角铺作，转角铺作间有补间铺作，斗拱与门楼上的相同，其上为云行纹砖雕，从转角斗拱往上墓壁内收成穹隆顶。斗拱上有彩画装饰。墓室南壁正中为墓门，东南壁砌一假门，北壁中部为砖雕假门，东西两侧各雕一假窗。西北壁雕砌一桌二椅，西南壁有一砖雕灯檠（图一七五）。

墓室内北中部砌棺床，南北宽 1.3 米，高 0.5 米。

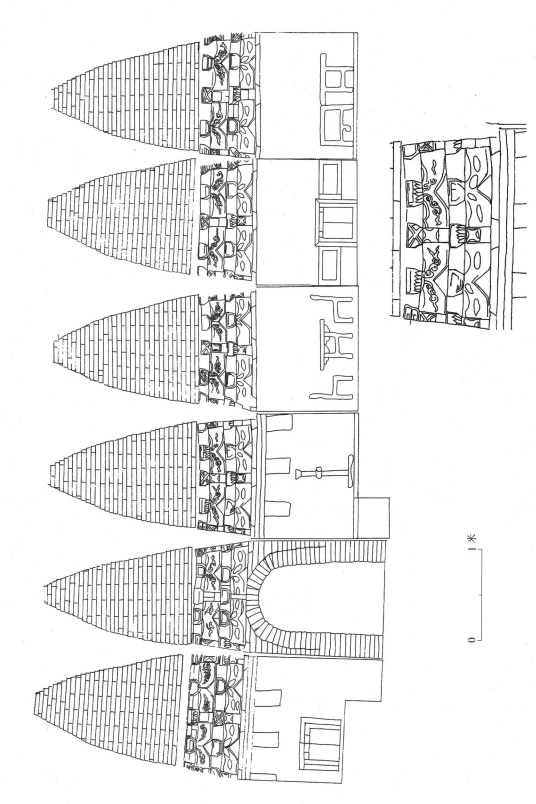

图一七五　M40 墓室内雕砖图

0　　　　　1米

（二）人骨

棺床上有两具人骨，头向西，应为二次葬。

（三）随葬品

仅出土白瓷碗一个，M40：1，敞口，圆唇，斜直壁，浅腹，平

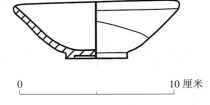

图一七六　M40 瓷碗（M40：1）

底，矮圈足。黄褐色胎，胎体较厚，内壁及外壁上部施白色化妆土，然后罩一层透明釉，釉色白中泛黄，内底有三枚支钉痕，外底墨书一"翟"字（图一七六；图版三一，1）。口径11、底径4.1、高3.8厘米。

六　M41

（一）墓葬结构

M41 为一座砖砌仿木构雕砖壁画墓，由墓道、墓门和墓室组成（图一七七，1；图一七八）。以素

1

3

2

图一七七　M41 发掘照片

1. 全景　2. 墓顶　3. 墓门封堵

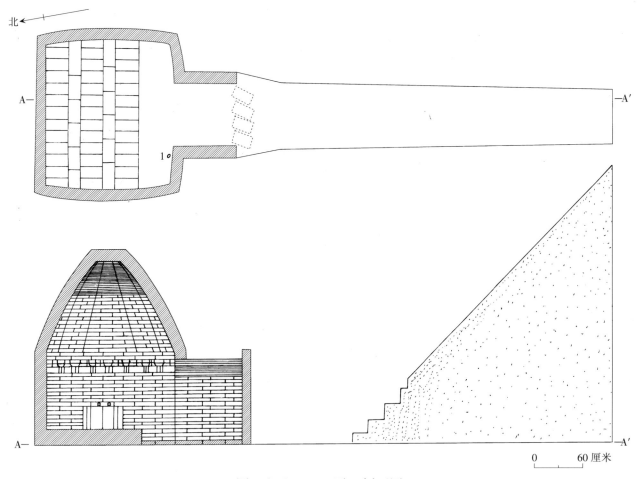

图一七八　M41 平、剖面图

面青砖砌成，墓砖规格为 31×15×4.8 厘米。坐北朝南，墓道略偏西南，方向为 190°。

1. 墓道

墓道位于墓室南侧，长 4.3 米，宽 0.7 米，接近墓室处稍宽，斜坡式，接近底部有四级台阶。台阶之北与墓门之间有一段平坦部分。

2. 墓门

墓门前以封门砖封堵，共内外两层，外侧下部为菱角牙子，上部为横砖。内部砌横砖（图一七七，3）。墓门洞呈拱券形，上部已被破坏。两侧砌筑立颊、门额，门额上残留一枚长方形门簪。门楼上原有彩绘，残留红色、黄色。甬道长 0.64 米，宽 0.8 米，高 1.1 米。

3. 墓室

墓室建在一圆形土坑内，墓室平面方形，两侧略外弧。后壁长约 2 米，南北宽约 1.7 米。砌券顶，券顶结构为八瓣顶，中心孔上用砖封盖（图一七七，2）。

墓室周壁饰砖雕图案。无倚柱，四角上部直接砌出转角铺作，其间有补间铺作，斗拱均为简单的一斗三升，上托檐枋，从转角斗拱往上墓壁内收成穹隆顶。斗拱上有彩画。墓室南壁正中为墓门。东壁和北壁均为砖砌假门。西壁雕砌一桌两椅（图一七九）。

墓室中北部用砖砌棺床。

图一七九　M41 四壁图

（二）随葬品

仅出土白瓷碗一个，M41：1，敞口，圆唇，斜直壁，浅腹，平底，矮圈足。黄褐色胎，胎体较厚，内壁及外壁上部施白色化妆土，然后罩一层透明釉，釉色白中泛黄，内底有三枚支钉痕，外底墨书一"翟"字。口径 11、底径 4、高 4 厘米（图一八〇；彩版三一，2）。

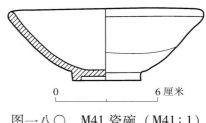

图一八〇　M41 瓷碗（M41：1）

七　M42

（一）墓葬结构

M42 为一座砖砌仿木构雕砖壁画墓，由墓道、墓门和墓室组成（图一八一；图一八二，1）。皆以素面青砖砌成，坐北朝南，墓道略偏西南，方向为 190°。

1. 墓道

墓道位于墓室南侧，阶梯式，长 3.6 米，宽 0.9 米。台阶之北与墓门之间有一段平坦部分。

2. 墓门

墓门前以封门砖封堵，外侧下部为菱角牙子，上部为横砖（图一八二，4）。墓门洞呈拱券形（图一八二，3），门楼为砖砌仿木结构。两侧砌筑立颊、门框，上砌四枚方形门簪。立颊上砌普拍枋，上砌三组拱，两侧均仅出跳两重华拱，中间出跳两跳下昂。均无要头。斗拱上承橑檐枋，橑檐枋上有檐椽，檐椽上为仰覆瓦（图一八二，3、4）。墓门后的甬道长 0.8 米。门楼上原有彩绘，多已脱落，残留红色、黄色等。

3. 墓室

墓室平面六边形，后壁长 1.4 米，南北长 2.6 米，东西最宽 3 米。直壁高 1.3 米，然后叠涩结顶，顶部用砖封盖（图一八二，2）。

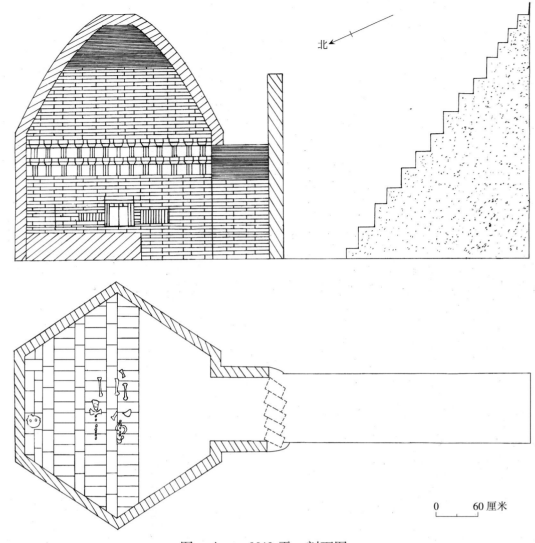

图一八一　M42平、剖面图

　　墓室周壁饰砖雕彩绘（图一八三；彩版三二）。墓室下部有简单的基座。南壁正中为墓门。西南壁有雕砖一灯擎和一桌。西北壁雕砖一桌二椅，靠南侧椅后还绘出一男一女两位仆人（彩版三一，3）。北壁中部砌假门，假门上有四枚长方形门簪，门上砌一卷帘，左右各有一破子棂窗（彩版三二，1）。东北壁砌筑一箱一桌，东南壁北侧砌一假门。

　　墓室六角均无倚柱，直壁中上部直接砌斗拱，斗拱之间各有三朵补间铺作，排列十分密集。均只出两跳华拱，无耍头。

　　墓室内满绘彩画，下部由于淤土，导致彩画残损。斗拱及以上部分彩画保存较好，斗拱上以白、黄、红色为地，以黑彩绘出纹样，有花卉和几何纹。斗拱层之上有一周四神壁画，以白彩为地，纹饰以墨彩为主。其中北壁中部绘玄武，龟已漫漶不清，蛇身细长，转首向东吐舌，两侧各有一大朵牡丹花（彩版三二，2）。东北壁两侧亦各有一朵牡丹花，中部绘南向的青龙，作奔兽状，头有双角，颈后有飘带状的双翼，身体弓起，身上有鳞片，长尾，足踏祥云（彩版三二，2）。在北侧牡丹花之北墨书"大觀"二字（彩版三四）。西北壁两侧也各绘一朵牡丹花，中部绘南向的白虎，形似马状，足端亦踏祥云（彩版三三，1）。南壁墓门顶上绘朱雀。

图一八二　M42 发掘现场

1. 全景　2. 墓顶　3. 墓门　4. 墓门封堵

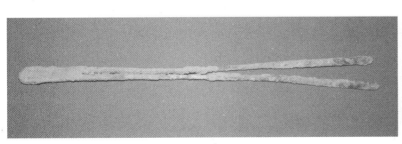

图一八三

墓室中北部有砖砌棺床，宽 1.5 米，高 0.5 米。

（二）人骨

墓室棺床上有两具人骨，均为二次葬。

（三）随葬品

出土粗白瓷碗和铜钗各一件。

铜钗　标本 M42：1，双股，素面，长 24 厘米（彩版三六，2）

瓷碗　标本 M42：2，敞口，圆唇，斜直壁，浅腹，平底，矮圈足。黄褐色胎，胎体较厚，内壁及外壁上部施白色化妆土，然后罩一层透明釉，釉色白中泛黄，内底有三枚支钉痕，外底墨书一 "翟" 字口径 11.2、底径 3.9、高 3.7 厘米（图一八四；彩版三六，1）。

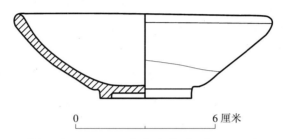

0　　　　　　　　　6 厘米

图一八四　M42 出土白瓷碗（M42：2）

结　语

为配合南水北调中线工程，经过对河北省磁县讲武城镇双庙村取土场勘探发现的墓葬发掘清理，收获丰富。发掘墓葬共计39座，其中两汉墓葬27座，魏晋时期2座，北朝时期3座，唐代4座，北宋3座，共出土器物710件（套）。

1. 两汉、魏晋砖室墓葬29座，构筑形式大体相同，小砖砌筑，前后双室带小耳室墓为最常见。

发掘的墓葬大多为穹隆顶砖室墓，一部分为双室墓，有少数墓葬还带有一个或两个耳室。墓葬多带有墓道，墓道有斜坡和阶梯两种形制。墓葬陪葬的器物主要为陶器和铜器。陶器主要有罐、壶、奁、灶、瓮、盘、簋、耳杯、魁、井、釜、匜、勺、案、灯、钵等。铜器主要有铜环手刀、铜剑、铜带钩和铜镜等。铜镜的装饰主要有连弧纹、龙虎纹等，铭文有"长宜子孙""某氏作竟大五　虎耶　保竟乐未央兮"等。年代在西汉晚期到东汉末，甚至有的墓有可能到魏晋时期，说明这是一处延续几百年的家族墓地。

关于分期问题，由于墓葬形制和随葬品差异不大，墓葬之间没有叠压打破关系，分期较困难。发掘者在发掘记录中曾经推断东汉墓21座，M4、M7、M8、M9、M11、M13、M18、M22、M23、M24、M26、M27、M28、M30、M31、M32、M33、M34、M36、M37、M44。其中的M11出土青瓷盂，时代晚，有可能晚到三国时期。

2. M48的构筑方式与M17同，根据出土的陶俑和器物判定是北朝东魏的墓葬。根据墓志判断M17墓主是北齐骠骑大将军怀州刺史周超，汝南安城人，祖父镇都大将，父范阳、高阳二郡太守。官至赢并二州司马、太中大夫。于大齐武平三年四月八日死于第，时年七十有四，诏赠使持节都督、怀州诸军事骠骑大将军、怀州刺史。M50的人俑与M17同，也是北齐墓。

取土场发掘的三座北朝墓葬，为我们了解和研究东魏、北齐的墓域范围提供了线索。以往形成共识的东魏北齐墓域划分值得商榷。以天子冢为界，从北直到滏阳河流域，为北齐皇陵墓域，以南为东魏皇陵墓域，这种分法可能不太准确。这次考古工作再次证明东魏皇陵墓域范围内有多座北齐王公贵族的墓葬存在。该区域内北朝墓葬的平面布局应该对我们了解整个北朝墓群的分布和隶属关系有所帮助。

3. 通过仔细观测北齐墓出土的陪葬陶俑，可以窥见其一般的制作工艺及方法。（1）模制。用范模分别制作俑头、躯干和四肢。另有一些部位如手部、马尾、马耳、装饰等先用手捏制而成，然后与主体部分安装捏合成形。大多数陶俑的头部和身体是用细铁棍连接起来的，所以，出土的陶俑大多尸首分离。（2）烧造。陪葬器物制作完毕后，即可烧制。大部分烧成灰陶色，也有红陶色。（3）彩绘。陪葬器物烧制完成后，即可进行彩绘。首先是将器物整体涂成白色。然后是着色，颜色主要有朱红、暗红、黑、白、黄等。最后是细部勾绘，如俑的面部用笔勾画出眉、眼、胡须和红嘴唇等。

4. 磁县讲武城位于磁县城南，该地是北朝墓群分布最密集的区域，M17 位于讲武城双庙村西南，此墓出土的陶俑和随葬品风格与讲武城孟庄发掘的北齐元良墓[1]，无论从陶俑造型、陶俑种类等方面都很相似，为研究当地北齐时期丧葬习俗、服饰艺术、考古发掘等提供了强有力的佐证。此墓共出土陶俑 100 余件，类型有侍从俑、负箭俑、文吏俑、侍女俑、侍卫俑、风帽俑、按盾武士俑、女仆俑等陶俑组合，充分反映了当时官僚贵族过着奢华生活的真实写照，出土的这些陶俑和随葬品的组合具有鲜明的时代特色，为研究当时社会形态、服饰制度、雕塑艺术提供丰富的实物资料。特别是出土的墓志铭，具有明确的纪年为研究北朝考古学提供了新的、重要的史实，也为判断相同或相似风格的墓葬提供了重要依据。

5. M45、M47 出土了青砖墓志，志文系用毛笔墨书。M45 墓主是唐朝张府君，南阳人，死于唐神龙年间，葬于武邑村北（武邑村即今天的南营村）。根据墓志可知磁县双庙 M47 为唐代永隆二年（681年）下葬的房子县令白普琎墓。房子县早在西汉初设置。隋开皇六年（586年）在临城故城（今河北临城县西南 5 公里）复置房子县，属赵州。唐天宝元年（742年）房子县始更名临城县，并将县治徙于今河北临城县城，天祐二年（905年）临城县复名房子县[2]。五代后唐时，房子县又更名为临城县，仍属赵州。房子县墓的发现为研究唐代的历史提供重要资料。墓中出土的砚滴为水中悠闲而安详的鸳鸯依偎一弯卷的植物，生动有趣，模仿金银器角形杯的流，又增加了富贵之气，造型新颖别致，艺术水平高。青瓷蒜头瓶与陶器中的瓶都有曲口特征，陶器应为本地制造，因此可以推测，青瓷器也可能是本地或附近地区瓷窑烧造。

6. 北宋 3 座墓，都是砖砌仿木构雕砖壁画墓，有 2 座墓是六角形墓，砖砌仿木构雕砖六角形墓是中原地区北宋中晚期流行的墓葬形式。三座墓建筑风格一致，其中 M42 东北壁有墨书"大觀"题记，"大觀"是北宋徽宗的年号，可知是北宋晚期墓葬。北宋规定非品官墓不能用墓志，所以墓主应是无品官的富贵者。墓中的壁画四神图为宋墓壁画所罕见。

注释：

1. 张子英：《河北北齐元良墓》，《考古》1997 年第 3 期。
2. 《旧唐书·地理志》卷 39："赵州"条："临城，汉房子县，属常山郡。天宝元年改为临城。"《新唐书·地理志》卷 39 "赵州"条："临城，本房子，天宝元年更名，天祐二年更曰房子。"

编后记

　　本报告是集体工作的成果。为配合南水北调工程，取土场墓地考古发掘工作由河北省文物研究所和磁县文物保管所联合发掘，领队为张晓峥，李江、王志强、郝亮等参加了发掘工作。自 2012 年 8 月开始，陆续到 2013 年 4 月，经过将近 200 天的连续奋战，基本完成发掘任务，发掘墓葬 39 座，出土器物 710 件（套），获得一批重要的考古资料。发掘者为此付出了辛勤汗水，向他们致敬！经河北省文物处张文瑞处长的协调，磁县文保所与吉林大学边疆考古研究中心合作整理这批重要的墓葬发掘资料。2014 年 5 月，吉林大学边疆考古研究中心冯恩学教授带领研究生郝军军、高义夫、谷峤、王慧、潘晓暾到达磁县，在赵学锋所长、李江副所长主持下，在磁州窑博物馆对出土遗物进行了绘图、照相等信息采集工作，王志强、郝亮参加了整理工作。11 月开始编辑书稿，2015 年 5 月初稿完成，吉林大学潘玲教授审阅初稿，特此感谢！2015 年 8 月底，定稿完成。

　　报告按照时代顺序，对墓葬单位逐一进行了客观介绍。由于墓葬古代已经被严重盗掘扰动，发现时大多数器物已经失去原位，有的出在被盗后流进墓室内的填土中，平面图中的器物位置不能反映随葬品下葬时的摆放位置。因为缺少发掘过程中器物出土状态的照片，对原始记录中墓葬平面图中的器物位置不能校正，故报告中的墓葬遗迹平、剖面图和描述，基本按照原始记录发表，敬请使用者注意。

冯恩学

图版

1.M4 全景

2.M7 墓室顶部的铁钩

彩版一　东汉墓葬

1. 青铜镜（M7：5）

2. 青铜镜（M7：2）

3. 青瓷罐（M11：7）

4. 双龙镜（M13：13）

5. 青龙白虎纹铭文镜（M14：6）

6. 马镳、盖弓帽、軎首（M18：9－1、2、3）

彩版二

1. 釉陶盘（M22 : 11）

3. 铜镜（M22 : 26）

4. 镜（M22 : 25）

2. 铜剑（M22 : 27）

彩版三　M22 器物

1. 铁灯（M23：17）

2. 铜镜（M23：16）

3. 铜饰件（M23：13）

4. 铜带镳（M23：32）

5. 铜带钩（M23：4）

彩版四　M23 出土器物

1. 铁带钩（M23：25）

2. 铜带钩（M23：5）

3. 环首刀（M23：1）

4. 铜环（M23：30）

5. 锡质的马衔镳与当卢（M23：21，M23：31）

彩版五　M23 出土器物

1. 釉陶井（M26：3）

2. 铜镜（M26：2）

3. 象牙簪（M26：4）

4. 涂朱砂盘（M26：8）

5. 带钩（M26：5）

彩版六　M26 出土器物

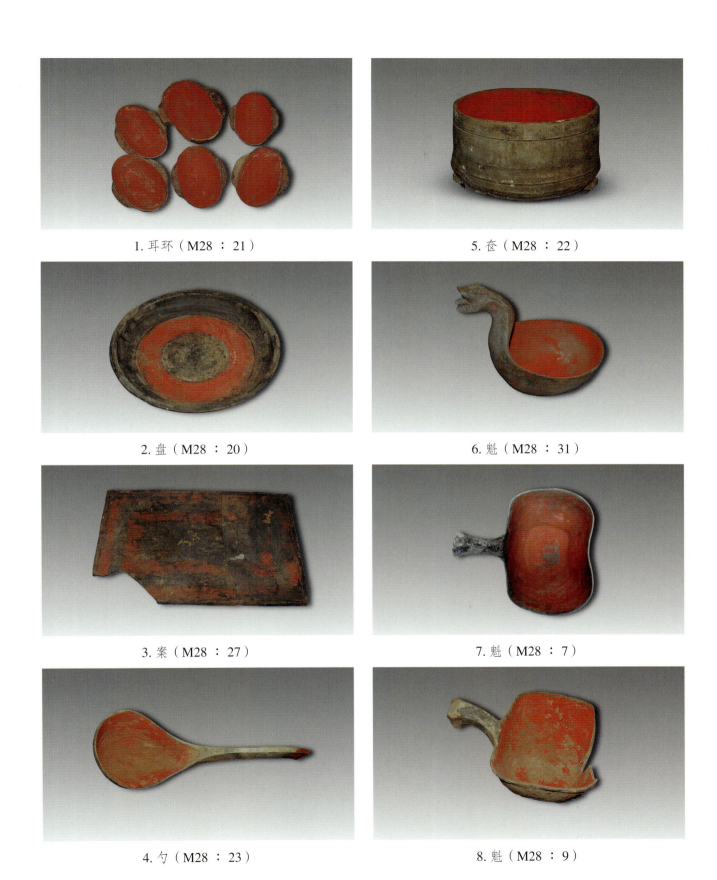

1. 耳环（M28：21）

5. 奁（M28：22）

2. 盘（M28：20）

6. 魁（M28：31）

3. 案（M28：27）

7. 魁（M28：7）

4. 勺（M28：23）

8. 魁（M28：9）

彩版七　M28 出土器物

1. 铁提梁熏炉（M28：5）

4. 釉陶壶（M28：15）

2. 铜熨斗（M28：5）

3. 骨簪（M28：28）

5. 铜锅（M28：19）

6. 陶钵（M29：3）

7. 铜镜（M29：5）

彩版八　M28 出土器物和 M29 出土器物

1. 陶壶（M31 ： 3）

2. 耳杯（M31 ： 38－1、2、3）

3. 陶勺（M31 ： 5－1、2、3、4）

4. 铜带钩（M33 ： 5）

5. 铜泡（M33 ： 20）

6. 铜镜（M33 ： 4）

彩版九　M31 出土器物和 M33 出土铜器

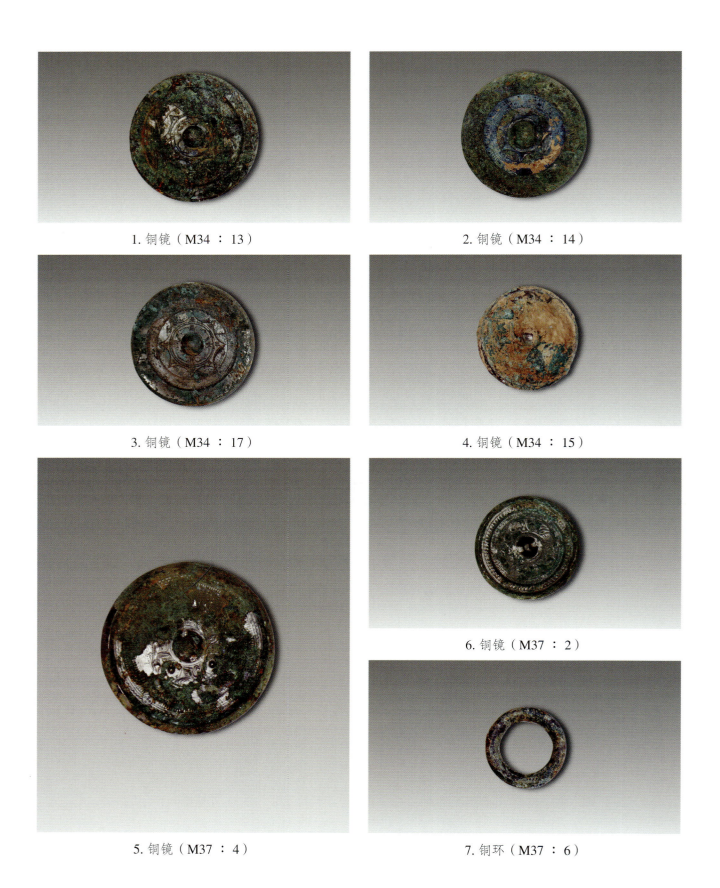

1. 铜镜（M34：13） 2. 铜镜（M34：14）

3. 铜镜（M34：17） 4. 铜镜（M34：15）

6. 铜镜（M37：2）

5. 铜镜（M37：4） 7. 铜环（M37：6）

彩版一〇　M34 出土铜镜和 M37 出土铜器

M48：6

M48：7

M48：1

M48：2

M48：3

彩版一一　M48 出土的陶人物俑

马头（M48：5）

武士俑和骑马俑（M48：4－1、2）

陶鼓（M48：8）

彩版一二　M48 出土的陶俑

珠子与玉器（M17 ： 153）

珠子与玉器（M17 ： 153）

铁剑（M17 ： 157）

彩版一三　M17 出土器物

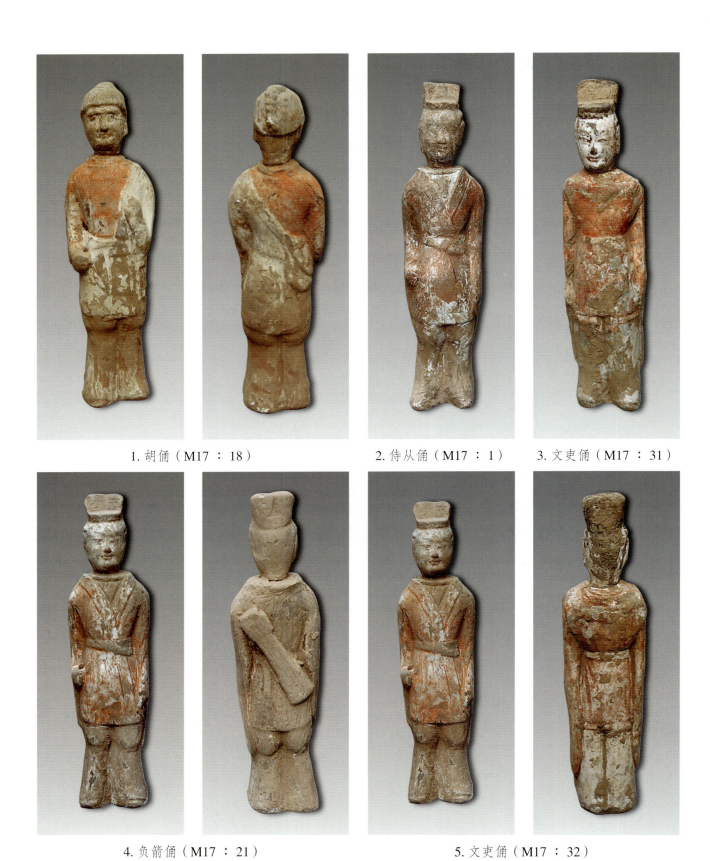

1. 胡俑（M17：18）　　　　　2. 侍从俑（M17：1）　　　　　3. 文吏俑（M17：31）

4. 负箭俑（M17：21）　　　　　　　　　5. 文吏俑（M17：32）

彩版一四

1.M17：42　　　　　　　　　　　　　　2.M17：48

3.M17：51　　　　　　　　　　　　　　4.M17：52

彩版一五　M17 出土女侍俑

1. 武士俑（M17：92）　　　　　2. 风帽俑（M17：68）

3. 武士俑（M17：90）　　　　　4. 武士俑（M17：91）

彩版一六

1. 侍卫俑（M17：126）　　　　　　　　　2. 持盾俑（M17：112）

3. 跪坐俑（M17：110）　　　　　　　　　4. 女仆俑（M17：111）

彩版一七

1. 镇墓兽（M17：123）

2. 牛（M17：124）

3. 骆驼（M17：125）

4. 狗（M17：139）

5. 猪（M17：137）

6. 狗（M17：138）

1. 串珠（M17：158）

2. 铁剑（M17：157）

3. 金钗（M17：156）

4. 串珠（M17：123）

5. 玉饰（M17：153）

6. 玉猪（M17：154）

彩版一九

1. 铁镜（M17：142）

2. 铁镜（M17：141）

3. 陶盘（M17：162）

4. 陶盘（M17：161）

5. 兽首饰件（M17：155）

6. 贝饰（M17：143）

彩版二〇

M17 墓志

彩版二一

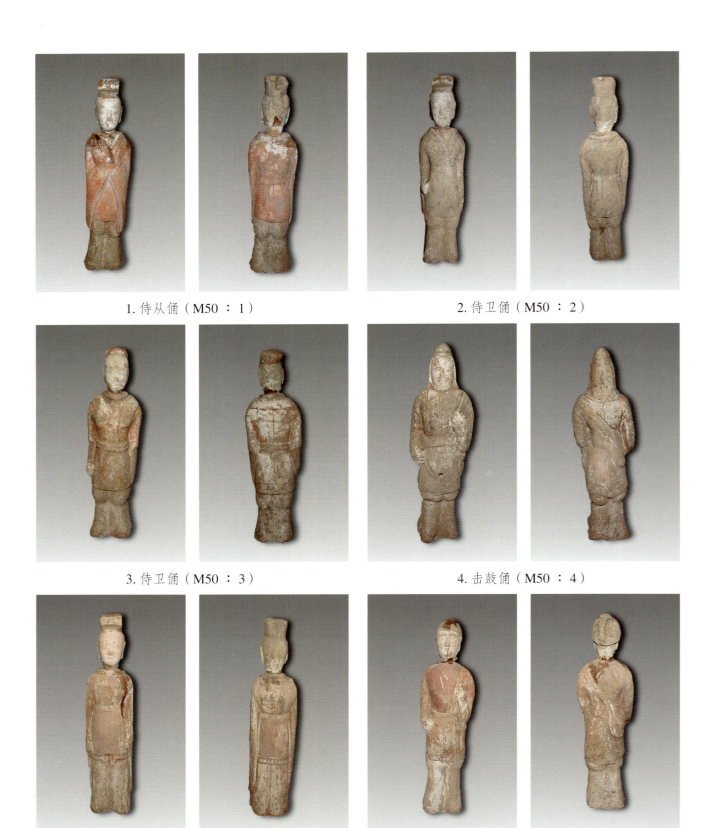

1. 侍从俑（M50：1）　　　　　　　　　　　2. 侍卫俑（M50：2）

3. 侍卫俑（M50：3）　　　　　　　　　　　4. 击鼓俑（M50：4）

5. 文吏俑（M50：5）　　　　　　　　　　　6. 胡俑（M50：6）

彩版二二

1. 马（M50：16）

2. 猪（M50：18）

3. 持盾武士俑（M50：7）

4. 女侍俑（M50：8）

5. 风帽俑（M50：9）

6. 负箭俑（M50：10）

彩版二三

1. 盘口壶（M50 ： 22）

2. 砚（M50 ： 24）

彩版二四

1. 碗（M15：1）

2. 碗（M15：2）

3. 碗（M15：3）

4. 罐（M15：4）

彩版二五

M45 墓志（M45 ： 2）

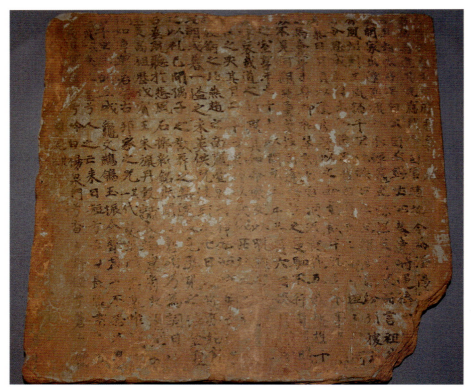

M46 墓志

彩版二六

1. 双系壶（M46：9）

2. 海兽葡萄纹镜（M46：11）

彩版二七

1. 砚滴（M46 : 10）

2. 钵（M46 : 8）

彩版二八

1. 钵（M47 : 2）

2. 瓶（M47 : 14）

3. 水盂（M47 : 4）

4. 水盂底视

5. 砚滴（M47 : 4）

6. 砚滴侧视

彩版二九　磁县 M47 出土瓷器

墓志（M47：1）

彩版三〇

1. 北壁雕砖与彩绘

2. 东南壁的斗拱

3. 西北壁的桌椅

彩版三一　M42 仿木构雕砖壁画

1. 北壁的假门与窗户

2. 东北壁斗拱层之上的花卉与青龙壁画

彩版三二　M42 仿木构雕砖壁画

1.M42 西北壁斗拱层之上的白虎壁画

2.北壁斗拱层之上的玄武壁画

彩版三三

彩版三四

1. 陶瓮（M9：1）

2. 铜镜（M9：11）

3. 铜镜（M19：8）

4. 陶折沿罐（M14：19）

图版一

1. 陶灶（M16：4）

2. 铜镜（M12：1）

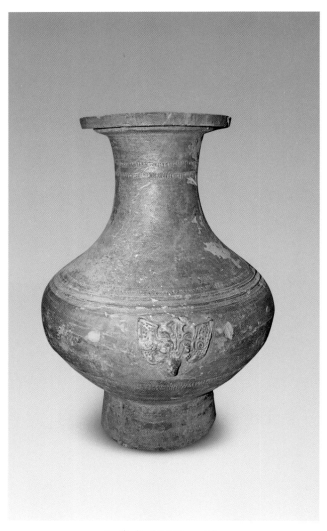

3. 陶壶（M18：5）

图版二

1. 砚台（M17：145）

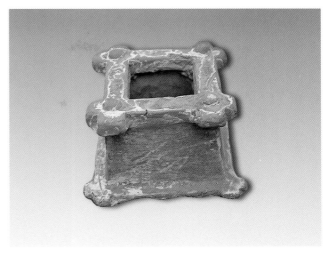

2. 井（M17：144）

3. 碓（M17：140）

4. 仓（M17：134）

5. 灶（M17：136）

图版三

1.M17 墓志盖铭文

2.M17 墓志盖与墓志

图版四

图版五　M14墓志1

图版六　M14 墓志 2

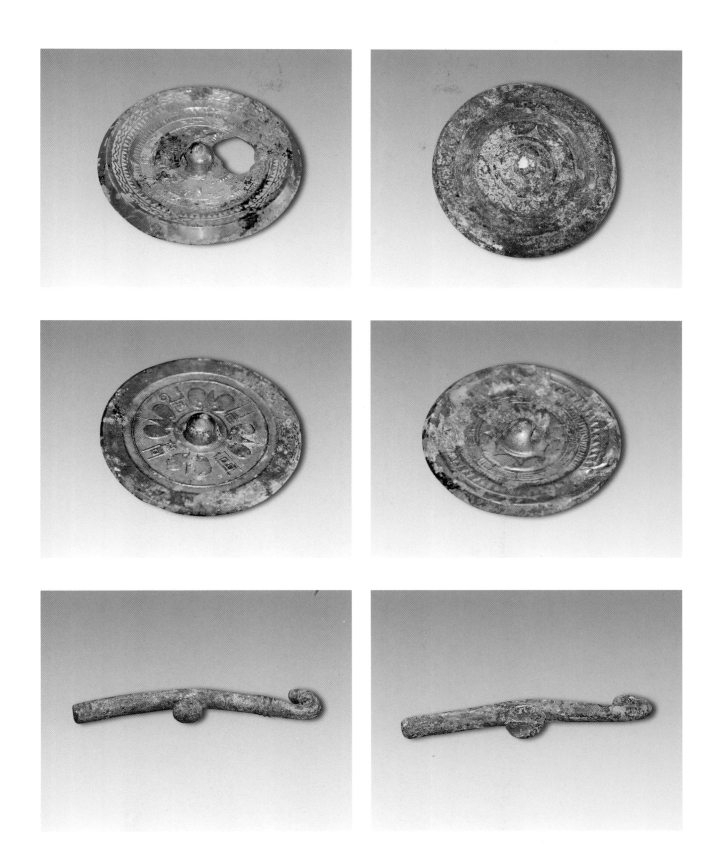

图版七　采集的青铜器

图版八